从0到1

搭建有效沟通的亲子桥梁

方向苹◎著

中国铁道出版社
CHINA RAILWAY PUBLISHING HOUSE

图书在版编目（CIP）数据

从0到1：搭建有效沟通的亲子桥梁/方向苹著. — 北京：
中国铁道出版社，2017.8
ISBN 978-7-113-22517-9

Ⅰ.①从… Ⅱ.①方… Ⅲ.①家庭教育 Ⅳ.① G78

中国版本图书馆CIP数据核字(2016)第273399号

书　　名：从0到1：搭建有效沟通的亲子桥梁
作　　者：方向苹　著

策划编辑：聂浩智
责任编辑：孟智纯
编辑助理：杨　旭
责任印制：赵星辰

出版发行：中国铁道出版社（100054，北京市西城区右安门西街8号）
网　　址：http://www.tdpress.com
印　　刷：北京鑫正大印刷有限公司
版　　次：2017 年 8 月第 1 版　　2017 年 8 月第 1 次印刷
开　　本：880mm×1230mm　　1/32　　印张：8　　字数：280 千
书　　号：ISBN 978-7-113-22517-9
定　　价：36.00 元

前　言

　　沟通是个老生常谈的话题，但并不代表每个人都掌握了这个问题，包括我自己。我们每天都在沟通，但其实很多人都是用错误的方式在沟通，也有很多人深受错误的沟通方式之害后，使我们与他人的关系受到破坏，情感受到伤害，生活受到了严重的影响，这中间就包括父母和孩子之间的关系。

　　说到沟通，似乎每位父母都懂，因为我们每天都要和孩子沟通，不可能对此一无所知，但是什么是正确的沟通，好的沟通方式有哪些，可能大部分的父母都回答不了。我们以为这些可以无师自通，认为这没什么难的，教育孩子嘛，这有什么难的，好多父母都没上过这门课，还不是照样每天都在教育孩子、都在和孩子沟通吗？但是，沟通的效果如何，由此建立起来的亲子关系的质量如何，我们是否认真地思考过？

　　如果我们对比一下，就会发现，错误的沟通方式建立起来的亲子关系和正确的沟通方式建立起来的亲子关系质量完全不同。在错误的沟通方式下，父母和孩子每天都在争吵、怄气、互相发

泄情绪，孩子不听话，父母不满意，彼此都感到不愉快、不幸福，父母觉得我每天都在辛苦地教育孩子，但效果却是如此不堪，自己感到疲惫，孩子感到压抑，亲子关系频频出现危机。

而在正确的沟通方式下，父母和孩子每天都能在和谐、愉快的氛围中度过，父母对孩子没有那么多不满，甚至没有太多的管教，有时候还会听之任之，但孩子竟然更听话，父母和孩子都感到很轻松。在正确的沟通方式下，父母都不需要刻意地教育孩子，但却有意想不到的结果。

懂得沟通和不懂得沟通，结果如此大相径庭，所以我们有必要好好学习一下沟通这门课，有必要深入地去了解和掌握这门影响着我们和孩子人生幸福的课程。

沟通不是一个单一的话题，它包含的内容很广，它与倾听和说话的艺术有关，它和爱的能力有关，它和情商有关，它和心理有关，必须联系这些我们才能讲明白沟通。而且我不想讲得太虚、太空，我想让读者看到实实在在的易学易用的方法，还想让读者看到每天都发生在自己和孩子生活中的实际案例，让读者看到以后可以立刻领悟到，原来我犯过这样的错误，原来正确的方法是这样的。

我们透过现象，着重挖掘父母和孩子在沟通中的心理表现，尤其是父母的心理表现，从根上帮助父母铲除错误的沟通心理，重建正确的沟通心理，然后才能帮助父母掌握正确的沟通方法。也就是说，表面上我们是在讲方法，实际上我们是在讲心理，每一个方法都是根据父母和孩子在沟通中的心理表现而设定的，为的是要帮助父母和孩子实现心理上的愉快沟通。

我希望能够提供给读者更多新鲜的内容，我力求他人讲过的内容我不再讲，而他人没有涉及的内容我要深度挖掘，我希望读者看完此书后能够真正受益，而且这种受益是方方面面的，是一生的，可以帮助到你和孩子事无巨细的生活。

沟通，简单的两个字，却是一个复杂的体系、漫长的过程，从听到说，从说到做，从做到不做；从事情到心情，从心情到思考，从思考到潜意识，要想讲清楚不容易。父母想一下子掌握更是不容易，为了帮助父母更好地理解和掌握，我按照从易到难、由浅入深、循序渐进的方法来讲述。可能在看本书前，你对沟通的了解近乎于 0，那么我希望你每看完一章都能进步 0.1，而等完全看完本书时，你可以实现从 0 到 1 的跨越——成为一个沟通高手，用书中所讲的有效沟通方法，搭建起你和孩子之间的亲子桥梁，愿这座桥梁畅通无阻，愿桥梁两端的父母和孩子永远幸福！

目　录　Contents

目 录  Contents

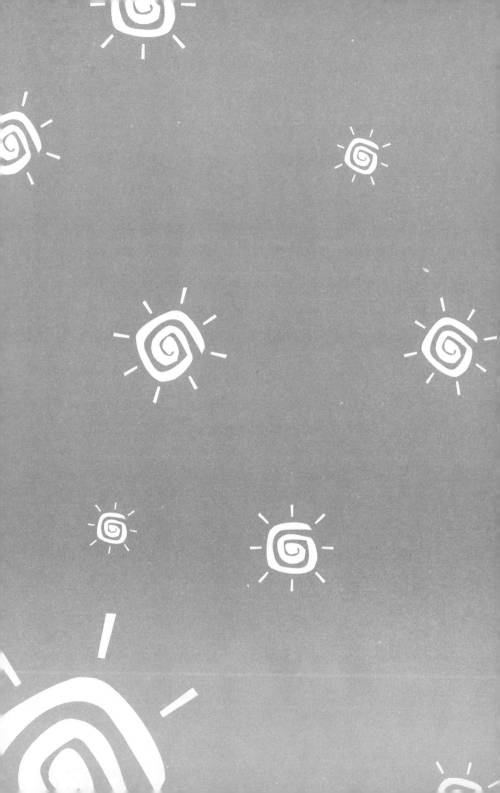

第一章

拥有沟通的能力，
父母和孩子都幸福

我们每天都在和孩子沟通，但却未必真的知道如何沟通。我们可能不明白，在与孩子相处中的很多烦恼都来自沟通能力的缺失，我们的沟通是盲目的，对沟通的目的、原则和方法等都了解甚少。今天，就让我带你走进沟通的大门，学习如何沟通，找到通往幸福的路。

烦恼往往来自沟通能力的缺失

在我写这本书的时候，刚好在网络上看到这样一段视频，用它作为本书的开始再合适不过了。

这是一段关于一对母女俩的视频，视频中一对母女正在对话，母亲皱着眉头、表情沉重、痛心疾首地对女儿说："我心目中的孩子不是这样的，我心目中的好孩子听话，不会和妈妈犟嘴，不会惹妈妈生气，不会让妈妈伤心。"她的女儿有八九岁的样子，哭得不成样子，一边哭泣一边对妈妈说："就算我惹你生气了，你也不该那样对我，不该那样骂我。"妈妈的情绪也很激动，她对女儿说："你是我的女儿，我就该管你！"女儿又说："你可以管我，但你不该那么说我……"母女俩这样的对话持续了很长时间，谁也说服不了谁。

这段视频引起了一些教育人士、心理学家及众多网友的注意，教育人士和心理学家都为视频中小女孩的勇敢点赞，她小小年纪就敢勇于表达对妈妈的不满，而且能够准确地表达出自己真实的感受，长大后会是个不得了的小女孩。但大家的注意力更多地还是集中在妈妈身上，妈妈的表达让大家觉得这是一个完全不懂得沟通、不懂得教育孩子的妈妈，她对女儿极其否定——我心目中的孩子不是这样的……这意思是说：我不接受你这样的女儿，我理想中的好女儿不是你这样的，你必须变成我理想中的好孩子我才满意。不光不接受自己有瑕疵的女儿，还用极其恶劣的态度教育女儿，这从女儿的话语中就可以得知。这一切对女儿该是多大的伤害啊，所以女儿才会哭得那么伤心。

不懂得沟通让母女俩都如此痛苦，如此烦恼，不得不说，这位母亲在教育孩子方面，在如何与孩子沟通方面要学的功课还很多很多。

相比较来说，这位妈妈的沟通能力还不如女儿，因为女儿虽然处在伤心的状态中，但还是听懂了妈妈的话，她接受了妈妈对自己的批评：我知道我惹你生气了，你可以管我。这两句话其实意味着女儿已经承认自己有错，而且也接受妈妈教育自己，但她不能接受的是妈妈的态度。但可悲的是，妈妈没有听懂女儿的话，其实她只需要改变说话的态度，女儿就不会抵触她的管教，所以这位妈妈是非常不懂得倾听的妈妈。

除了不懂得倾听、不注意说话的态度，这位妈妈最大的问题是对女儿的不接受，眼前这个女儿是有很多缺点的，她不喜欢，她喜欢的是她心目中幻想出来的那个"不会和妈妈犟嘴、不会惹妈妈生气、不会让妈妈伤心、永远听妈妈话的理想的好孩子"，这种好孩子有吗？哪个孩子会永远不惹妈妈生气、永远听妈妈的话？只要是一个独立的生命都不会永远听别人的话，哪怕这个生命是弱小的。即便有，这种好孩子也不是像变魔术一样突然就被变出来的，而是一点一点变出来的，而妈妈的态度是：我现在就要看到那个好孩子，你要马上变成我心目中的好孩子。

听起来，似乎更不讲理的是妈妈，不讲理，更别说讲情了，女儿已经哭成那样了，妈妈不去安慰女儿，却还在那里较真"女儿是不是我理想中的样子"，可见，这位妈妈完全不懂得沟通。

那么，冲突必然出现在这对母女中间，无论母女俩吵到什么时候，可能谁都说服不了谁，谁都安抚不了谁的情绪，最终都无法达成共识，最后的结果是，累了，不吵了。所以这是一次两败俱伤的沟通，相信这样失败的沟通在母女俩之间不是第一次发生。

如果这位母亲不去学习如何沟通，她和女儿之间的沟通永远无法愉快顺利进行，因此滋生出来的烦恼永远无法解决。

想想生活中我们与孩子之间的诸多烦恼，有许多次是不是也像这位母亲一样是因为不懂得沟通而造成的？相信是有的，而且有不少。孩子和你怄气的时候，你罚孩子不许吃饭的时候，你被孩子气得忍不住要揍他的时候，想想如果我们懂得更好地与孩子沟通，或许这些烦恼就不会出现。

沟通是人与人之间交往的通道，你与孩子的日常生活，你想让孩子去做某一件事，你想让孩子改正他的错误，你想解开孩子与你之间的心结，你想让孩子好好学习变得越来越优秀……哪一个问题的解决不需要沟通？不懂得沟通，生活寸步难行；不懂得沟通，你与孩子之间的爱如何传递？

可是我们必须承认，沟通的能力并非天生就有，无论是成人和成人之间，还是父母和孩子之间，沟通的能力并非是随着你和孩子有缘分成为父（母）子（女）的那一天就同时降临的。从孩子降生的那一刻起，我们对孩子的爱油然而生，但该如何爱孩子，我们却并不知道。沟通的能力是爱的能力之一，沟通的终极目的是传递爱、实现爱的流动，但如何才能让父母和孩子之间的爱流动起来并越来越浓，我们一直都在摸索方法，这个方法就是学会沟通，沟通就是一条通往孩子内心的路，会沟通，就可以很快到达孩子的内心，实现亲子关系的良性互动，而不会沟通，父母和孩子之间仿佛永远有一道难以逾越的鸿沟，就像那对母女一样，总是在自说自话，但谁也无法理解谁。

所以，学会沟通，拥有沟通的能力，可以让父母和孩子之间的许多烦恼渐渐消失。

是沟通在父母和孩子之间搭起了一座桥梁，是有效沟通让这座桥梁变得更加稳固，搭起这座有效沟通的桥梁，你通往孩子内心的路不会太长。

从 0 开始，让我们一起来学习如何沟通。

懂得沟通，每一个孩子都可以很 "听话"

每当父母无法和孩子好好沟通时，经常会发出这样的感慨："唉，我的孩子太不听话了。"似乎，只要孩子听话，沟通就不会出现问题。沟通出现问题的真正原因是孩子不听话吗？

这让我想起人们养宠物的经验。

在我们刚刚认养一只小狗的时候，小狗总是很不听话，到处乱跑，弄得家里乱七八糟。最令人头疼的是它经常在房间大小便，弄得房间里脏兮兮、臭烘烘的，我们让它到指定的地方大小便，它总是不听我们的话，有时候气得我们真想把它扔出去。但是我们没这么做，我们知道这是因为它还没有适应环境，也是因为我们还不了解它的生活习性。于是我们细心观察，渐渐发现，小狗大小便是有规律的，于是我们就会在它大小便的时候带它出去，从此，它就很少拉在家里了。

小狗刚到家里的时候，还会乱咬东西。在我们的训练下，它不咬东西了，或者我们把它喜欢咬的东西放到更高的地方，让它咬不着。刚来的时候，小狗什么本事都不会，可是也是在我们的训练下，它学会了站立、坐下、握手、跳舞等十八般武艺。现在，我们让它做什么它就做什么，小狗越来越听话，也越来越可爱了，它和家里的每个成员都相处得非常和谐。

小狗刚刚到我们家的时候，我们和小狗的沟通也会出现很多问题，和它说什么它都不听，这个时候虽然我们也会有些生气，但我们会抱怨小狗不听话吗？不会。因为我们知道小狗不听话的原因是因为我们还不了解小狗的生活规律，而小狗也不了解家里这个环境，只要双方有了更多的了解和适应之后，相处就会变得融洽起来。

看，我们对小狗的态度和耐心多好，我们愿意花时间一遍又一遍地去训练小狗，训练它这样跳、那样跳，我们不会在小狗跳得不好的时候骂它："跳得难看死了！"因为我们知道这是因为小狗还没有学会跳。我们或许还会夸它："跳得太棒了，再来一次！"说不定还会奖励它一点好吃的。

或许用小狗来比喻孩子有些不恰当，但道理却是一样的。有时候，我们对孩子的态度和耐心真的还没有对小狗好，当孩子不听话的时候，我们总是忍不住训斥他们："你怎么可以这样……"当孩子有些事情没做好时，我们会指责他："一点小事儿都做不好！"我们忘了孩子也和小狗一样，一切都在学习当中，让他改变需要慢慢来。

我们允许小狗不听话，允许小狗做得不好，却不能允许孩子这样；我们愿意付出时间和耐心去了解小狗的习惯和脾性，去主动适应它，却往往没有这个耐心去了解孩子；我们愿意给小狗很多时间，让它慢慢成长来适应这个家庭，却总是强迫孩子要马上改变，立刻达到我们的要求。我们对孩子的态度真的还不如小狗，所以，最后我们能和小狗沟通，却常常无法和孩子沟通，而且还把无法沟通的原因归结为孩子不听话。

真的是因为孩子不听话吗？不是的。是因为父母没有用正确的态度和正确的方法去和孩子好好沟通。说白了，父母在小狗面前是懂得沟通的，到了孩子面前却不懂得沟通了。

是父母不懂得沟通导致了孩子不听话，而不是孩子不听话导致了无法沟通。

可以这么说，如果父母和孩子沟通的时候，也能像对待小狗那样对待孩子，那么每个孩子也会像小狗那样那么听话。

这话听起来确实不太好听，但道理却是对的。

当沟通中遇到问题的时候，我们不要总是去找外因，更不能总是去找孩子的原因，不要总是用强迫性的言语和行为去改变孩子，那样孩子会很痛苦，而是要用训练、创造环境等方法影响孩子慢慢发生改变，像对待小狗那样，训练他、影响他、夸奖他、奖励他，最终，他一定会改变的。

在和孩子相处的过程中，不仅孩子要成长，父母自身也要成长，要了解真实的孩子是什么样的，而真实的自己又是什么样的。我要如何改变自己去和这个真实的孩子相处，而不是总期望孩子变成我理想中的模样。

比如我小时候在妈妈面前很听话，在爸爸面前总是很不听话，爸爸就不理解，说孩子为什么总是和我作对，妈妈说你总是吼孩子，孩子当然不会听你的话了。

像这种情况，做父母的就要去反省：不是孩子不听话，而是我和孩子沟通的方式不对，是我的原因，我要去改变。懂得自我反省、自我学习的父母才能掌握幸福的主动权，父母和孩子之间相处得好不好，父母和孩子过得幸福不幸福，并不在于上天赐予你一个什么样的孩子，而在于你懂不懂得沟通。

如果每一个父母都懂得沟通，那么每一个孩子都可以很"听话"。

不过这里要解释一下"听话"的意思。我们这里所说的听话是指孩子更容易接纳你的建议，不容易和你发生冲突，和你相处得更融洽。也就是说，父母若懂得沟通，每一个孩子都可以很容易沟通。听话并不是说孩子要对你言听计从，听话更不能成为你控制孩子的工具，这样的听话我们不倡导，因为这样的孩子会失去自我、没有激情，成为一个呆板的没有创造力的人，这会导致非常可怕的后果。

我们和孩子沟通的目的是为了互相了解，就某个问题达成共识，并促使孩子在这方面发生变化，并不是为了让孩子一味地听我们的话，如果孩子和我们达不成共识，我们也要允许，允许才能和谐，这才是我们想要的沟通。

有效沟通的六种方法是什么

　　了解了基本的沟通理论知识之后，本书的重点要上场了，即沟通的方法。做什么事情方法最重要，没有方法，目的是空谈。就好比你要到罗马，是坐飞机还是坐火车，亦或坐轮船，哪一种方法最快最安全，没有正确恰当的方法，你可能无法顺利地到达目的地，甚至到不了目的地，所以方法很重要。

　　那么有效沟通的方法是什么？根据父母与孩子之间的沟通过程，我们由易到难、由浅到深，从入门到精通，讲述父母如何循序渐进与孩子沟通。看到这里的朋友们已经知道了沟通的重要性，了解了沟通的目的和原则，其实你们已经入门了，已经摆脱了沟通的"0"了解，开始向"1"迈进，那么接下来，我要带你们打开沟通这扇大门，走进有效沟通的世界，先从了解有效沟通的六种方法开始吧。

✳ 有效沟通的方法 1：情绪管理

在沟通之前，先进行情绪管理，如果管不住自己的负面情绪，无法做到心平气和地与孩子沟通，那么请选择闭嘴，等调整好自己的情绪再和孩子沟通。因为用孩子感到愉快的方式去和孩子沟通是沟通的原则之一，所以情绪管理非常重要，要排在众多沟通方法之首，坏情绪会毁了沟通，管理不了自己的情绪，后面的所有沟通方法都做不到位。一个有沟通能力的父母首先要有管理情绪的能力，否则带给孩子的是伤害。所以，有效沟通的第一个方法，也是第一个步骤，就是情绪管理。

✳ 有效沟通的方法 2：倾听

管理好了自己的情绪，调整好了自己的心情，那么你就可以开始与孩子沟通了。沟通往往从倾听开始，先听后说这既是做人的礼貌，也是沟通的步骤。当孩子有事情与你沟通时，你要耐心地倾听才知道孩子要表达什么，而你要回馈给孩子什么。当你有事情与孩子沟通时，你也要询问孩子的意见，静静地聆听他的想法，然后再说出你的看法。认真倾听代表着对孩子的尊重，这是良好沟通的前提，不会倾听也就没有接下来的正确表达。

✳ 有效沟通的方法 3：表达

听完了，就该我们表达自己的看法了，或者沟通就是从我们的表达开始的，那么该如何表达孩子才更愿意听呢？这里我们引入了一个很重要的概念——述情。表达不仅仅是说话，更是述情，什么是述情呢？述情是指在表达时不仅要说事情，更要说自己的感受、想法和需求。通过述情，孩子才知道你的感受和想法，才能对你产生理解和共情。不会述情的父母要么把情绪都压抑在心里，压抑不了了就突然爆发，要么用指责和抱怨的方式去表达，而这两种方式都会伤害父母和孩子之间的关系，且会使沟通进行不下去。所以，述情式的表达是我们推崇的表达方法，除了述情，我们还要学会如何表达事实。

* 有效沟通的方法 4：共情

述情是表达自己的感受，引导孩子关注父母的感受和需求，其实是引导孩子与我们共情。而共情则是去关注孩子的感受和需求，理解和支持孩子的想法或行为，在这个基础上引导孩子去寻找事情的解决方案。通俗地讲，共情就是善解人意。善意人意的父母是受孩子欢迎的，只会讲道理但忽视孩子感受的父母是不受孩子欢迎的。会讲道理的父母很多，但能与孩子共情的父母却不多，父母都习惯了跟孩子讲道理、讲对错、给建议、做决定，但孩子最需要的是有人理解他们的感受。所以，共情很重要。

* 有效沟通的方法 5：允许

为什么有时候我们总是批评和抱怨孩子？为什么有时候我们无法理解孩子的感受？为什么我们和孩子沟通时总是会出现分

歧和争执？很多时候都是因为不允许所致。不允许孩子有和自己不一样的想法，不允许孩子有这样那样的要求，不允许孩子的缺点和错误，不允许孩子和其他孩子的差异，不允许孩子成长得太慢……因为不允许导致不接纳，因为不接纳就总想改变孩子，这导致孩子很痛苦，也导致父母和孩子之间的沟通总是出现冲突。因此，给孩子更多的允许，就是给孩子成长的空间，有了这个空间，沟通变得容易了，孩子的变化也开始出现了。

✳ 有效沟通的方法 6：影响

如果沟通水平也可以用段位来区分的话，能够做到第六步的父母就是段位最高的沟通高手。利用行为、环境、身教和语言的影响让孩子在不知不觉间发生变化，甚至有时候什么都不说什么都不做都可以让孩子发生可喜的变化，这是最厉害也是最智慧的沟通方式。影响孩子于"无形"，用"无为"的方式实现沟通的目的，这是最省心省力的沟通方式，却也是最有效的沟通方式。每一个孩子都会受到父母的影响，你怎么做才会影响孩子变得越来越好呢？这就是影响的力量。

沟通的六种方法或者说六个步骤是一个体系，每一种方法可以单独存在，也需要相互依赖，也会互相影响，比如，情绪管理会影响到述情，倾听会影响到表达，共情会影响到允许，而允许又会影响到影响……所以，阅读时要交叉理解，这样才能吃透它，使用时要综合运用，这样才能发挥最大的效果。

书中的章节安排是按照从易到难、由浅到深、从入门到精通的循序渐进的顺序来进行的，可能，在打开本书之前你还是一个沟通"小白"，但每当你看完一个方法，你就在沟通的路上上了一个台阶，等你看完本书，你就俨然成为了一个理论上的沟通高手。但若想成为实践中的沟通高手，还需要按照书中的方法一点一点地去练习，不要以为这些很复杂，这里所讲的问题都是你和孩子日常生活中的一部分，结合你和孩子的生活去理解、去学习、去实践，你会渐渐发现你与孩子的生活的可喜变化。

就从现在开始，着手搭建这座有效沟通的亲子桥梁吧。

沟通小知识

沟通的三个层次

同样是与孩子沟通，有的父母能达到较好的结果，有的却不能，这当然是由于他们的沟通能力和沟通方式不同造成的。但根本的原因是他们对沟通的认知不同，有的父母对沟通的认知停留在较低的层次上，实际上那可能根本就不是沟通或不是好的沟通，所以，我们有必要了解一下沟通的三个层次。

第一个层次：提要求，发命令。

在有些父母的认知里，沟通就是向孩子提要求、发命令。

比如：

妈妈的要求不高，只希望你每门功课都能保持在 90 分以上。

做完作业再看电视，这是最基本的要求。

今天一天都待在家里，不许出去玩！

现在立刻去睡觉！

且不说这些要求和命令的内容正确与否，光是这种沟通的方式就让孩子无法接受，因为在这种情况下，孩子只有满足父母的要求和听从父母命令的权利，很难有提出自己意见的权利，因为那会被父母视为"不听话"，会发生争执和摩擦。这种沟通对孩子来说是不公平的，它只是父母向孩子输出信息，只是满足了父母的需求，但孩子的需求特别是心理需求没有得到满足，所以这种沟通是最低层次的沟通，甚至算不上是真正的沟通。

第二个层次：说事情。

第二种层次的沟通能满足孩子的部分需求，但只是对事情的需求。比如：

孩子早上迟到被老师批评，心里很难过，父母得知后说道："今天晚上早点睡，我把明天早上的闹钟提前 30 分钟，好，这件事情解决了。"

这种沟通看似很有效，三言两语就帮孩子解决了问题，满足了孩子不再迟到这个需求，但孩子心里可能还是会不太满足，因为它没有关注到孩子的心情，没有对孩子难过的心情进行安慰。有些父母是根本就忽略了孩子的心情，有些父母则是认为一个人因做错了事情而难过是必须承受的结果，不值得安慰。其实这是一个错误的认知，事情是事情，心情是心情，孩子即便做错了事情，他的心情也应该得到父母的同情。同情是人类最大的善良，况且是父母对孩子。所以，只说事情不关注孩子的心情这只是中级层次的沟通，只是满足了孩子的部分需求，不是最好的沟通。

第三个层次，说心情＋事情。

那么第三个层次的沟通就是全方位地满足孩子的需求，不但要帮孩子解决事情，还要帮孩子解决心情。

沟通的终极目的是满足孩子的需求、实现爱的流动，能达到这个目的的沟通才是最高层次的沟通。所以，静静地倾听孩子分享他的感受，并与他共情，不管他做得错与对，先接受他的情绪，然后再帮助他解决事情，这是最好的沟通。在这个过程中，父母和孩子进行了情感的交流和互动，彼此的情感得到了加深，孩子得到了成长，同时事情得到了解决，这才是最高层次的沟通。

在现实生活中，我们要尽量避免第一层次的沟通，尽量达到第三层次的沟通，这才是真正的有效沟通。

第二章

情绪管理
愉快地跟孩子沟通，孩子才会听

想让孩子听你说话，先管理好自己的情绪，在沟通中，情绪管理特别重要，这是沟通的第一步。管理情绪的方法很多，但无非就是两种：第一，管理好自己的本能情绪；第二，管理好自己的理性情绪。把这两种情绪梳理好了，才能愉快地和孩子沟通，孩子才愿意和你沟通。

管理不了情绪，难以和孩子沟通

情绪（负面情绪）是一把双刃剑，甚至是一把两面都伤人的剑，因为他忙着抵御你带给他的伤害，甚至还要想办法来还击你。而这时，沟通不再是沟通，而变成了一场战争，最终结局是两败俱伤。

每次说起这个问题，总让我想起自己的经历。

无论是我小时候还是成年以后，不管发生什么事情，我更愿意向妈妈诉说，而很少向爸爸诉说。原因就是妈妈性格温和，而爸爸脾气暴躁。每次和爸爸说一件事情，刚刚开头，他的高嗓门就响起来了，他总是忍不住打断我的话，抑制不住自己激动的情绪，并武断地评价起我说的某件事情。于是，渴望中的沟通有时候变成了一顿训斥，有时候则变成了一场争执，总之，大多是以一场暴风雨而结束。而想要讨论的事情呢，总是不了了之。每当这时，我的心情总是特别沮丧，特别沉重，久而久之，我不再愿意和爸爸沟通，而是向妈妈诉说或者自己消化解决。

小时候我并不知道这是怎么回事儿，我只知道每次爸爸和我说什么，让我做什么，我总是本能地反抗，以致在爸爸的眼里，我是个很"不听话"的小孩儿。于是，一个我眼中的暴躁爸爸和爸爸眼中的"不听话"小孩总是很难沟通。

一直到长大以后，尤其是学习了心理学之后，我才明白，我在爸爸面前的叛逆、不听话皆是因为我和爸爸实现不了愉快沟通，在不愉快的心情下，所有的事情都难以解决。

可惜，爸爸没有学习过心理学，也没有学习过如何沟通，自然不知道问题的症结和解决办法。而我作为一个孩子，心智还很不成熟，还不能体会和包容别人的心情，还处在非常容易叛逆的年龄，所以就非常容易和爸爸发生冲突。

而今天，当我听到许多父母诉说和孩子之间的问题时，尤其是和孩子难以沟通这个问题时，我心里浮现出的第一个答案就是：请学会管理自己的情绪，请学会愉快地和孩子沟通。

因为人是情感动物，尤其是孩子，他们更加感性，他们所做的一切事情都是受本能驱使，高兴了，他们就愿意去做这件事情；不高兴，他们就会拒绝做这件事情。

很多父母总是觉得孩子不听话，难以管教，却没有想过问题不一定出在孩子身上，而是出在自己身上。很多时候并不是孩子不愿意和父母沟通，而是父母的坏脾气把孩子赶跑了。就算是孩子做错了事情，但假如父母能放下坏情绪，心平气和地跟孩子沟通，孩子并非不能够接受你的批评和教育。因为当你发脾气的时候，你就切断了与孩子之间的情感连接，当人与人之间失去了情感连接，只充满不理智的负面情绪的时候，那就只能爆发战争。人只有在情绪稳定、平和的情况下，才能有更多的能量去关注他人的感受，才能做出正确的判断。而一个充满负能量的人，是会遭到他人的排斥的。哪怕是一个婴儿，当有人冲他大喊大叫的时候，他也会本能地躲开。

趋向正能量，排斥负能量，这是人的本能。正能量让人感到愉快，负能量让人感到难受，人心都是本能地选择愉快的。

所以，管理不了自己的情绪，孩子会拒绝和你沟通。想要让孩子听你的话，首先你要用他能够接受的方式。当然有的父母会说，孩子调皮捣蛋，做错了事情，我忍无可忍！可是，当你无法忍受孩子的不好时，孩子也忍受不了你的态度！这是一个死循环。

怎样解开这个死循环？你不要期望孩子先变好。或者说你不要期望孩子在改变的时候，你不变！"懒"父母永远不会有"勤快"的孩子。父母的反省能力、改变能力当然比孩子要好，而你的改变更应该走在孩子前头。

所以，父母要先学会管理自己的情绪，才有可能实现和孩子的愉快沟通。一个管理不了情绪的父母，很难让孩子感受到你的爱，只会让孩子受到伤害，孩子心中因此也充满了负面情绪和负能量，而回馈给父母的也只能是负能量。即便孩子迫于父母的威慑表现出"听话"的样子，心里也充满了不满的情绪。如果这样，只会制造出一个表面听话、内心叛逆的孩子。这样，对孩子的心理发展和父母的长期教育更加不利。

情绪管理是人与人相处时的一个基本能力，父母们不要认为孩子弱小无法反抗，你就可以随意在他们面前"挥洒你的性情"，其实，再弱小的人也有反抗的能力和方法，对孩子们来说，他们反抗的方法往往是更加地不听话、不服管教，和父母怄气、保持距离，封闭自己的内心，切断和父母之间的沟通渠道，而这则是父母们最不愿意看到的，因此，想实现和孩子之间没有隔膜的对话，就必须要管理好自己的情绪。

情绪管理方法 1：
改变对孩子行为的认知

情绪是怎么产生的？一种来自认知，一种是本能。前者称之为理性的情绪，后者称之为本能的情绪。本能的情绪谁都有，比如看到一只老虎朝自己扑过来，本能地感到恐惧，这是本能的情绪。但理性的情绪却因人而异，比如孩子身上同样一个行为，在不同的父母眼里认知是不同的，认为是合理的就会接受，认为是不合理的就会产生不快的情绪。而改变对孩子行为的认知就会改变这种不快的情绪，即理性的情绪。

我有一个朋友，她总是抱怨她的孩子有多动症，把家里弄得乱七八糟，而她不得不总是处于一种打扫卫生、整理家务的状态中。她说，上班很累很辛苦，可回到家里还要拖着疲惫的身体做饭、收拾房间，好不容易收拾好了可以休息一下了，可转眼一看，刚刚收拾好的房间又被孩子弄得乱七八糟，于是她火冒三丈，冲着孩子大吼："你知不知道我的辛苦，我刚刚收拾好，你就弄得乱七八糟，你懂不懂得体恤妈妈，每次都要让我为这点小事儿跟你生气！"

孩子则无辜地说："没有啊，没有很乱啊，只是我刚刚在做手工，地上掉一些纸屑而已。"

"没有很乱？你看，这胶水和纸到处乱放，能不能用完之后把东西放回原处？你看看，沙发垫怎么掉地上去了，桌子上这些乱七八糟的东西是什么，都给我拿走！"

于是，孩子很委屈，她很愤怒。

可是，我们几个去过她家里的朋友都觉得，她家里完全不乱呀，而她的孩子根本就没有多动症，和其他有小孩的家庭比起来，她的家里总是那么干净整洁，而她的孩子和其他的孩子比起来简直乖得不得了，完全不像她说的那样难以管教。可为什么她总认为孩子把家里弄得乱七八糟呢？

这就是认知的不同。我这位朋友对"乱"的认知和别人不一样，由于她特别爱干净和整洁，所以即便我们认为她家里已经很整齐很干净了，她还是觉得脏乱。我们认为她的孩子已经很懂事了，可她却认为孩子不听话。对同样一件事情不同的看法导致了她会对孩子的行为产生情绪，而别的父母不会。但是她的孩子并不认同她的观点，于是她和孩子之间就无法实现愉快和顺畅的沟通。

即便孩子真的把家里弄得很乱，每个父母的反应也不一样，有的父母会觉得无所谓，家里就是要乱一点才像家，而多动是孩子的天性，为什么要禁锢孩子的天性呢？有这样看法的父母当然不会和孩子发生冲突。相反，认为孩子"把家里弄得很乱"是一个非常错误、必须禁止的行为的父母就会对孩子产生不满、愤怒等情绪，从而和孩子发生激烈的冲突。

所以说，认知不同或者错误的认知就会使你产生情绪，从而影响你和孩子的沟通。美国心理学家艾利斯有个非常著名的情绪ABC理论，意思是说，使你产生情绪的并不是某个事件，而是你对某个事件的看法。即事件（A）导致认知（B），认知（B）产生情绪（C）。很多时候，事件本身并不会直接产生情绪，当你对事件有了自己的判断以后，才会产生情绪。这就是理性的情绪。

所以，改变对事件的认知，就可改变自己的情绪。父母可以想一下，孩子在生活中的哪些事件或行为是你无法认同和接受的，你是否因此对孩子产生了许多不良的情绪，可不可以尝试着改变一下，试试看，改变之后，你和孩子之间的关系是不是不同了呢？

那么，父母在和孩子在相处的过程中，会比较容易有哪些认知错误呢？又该如何去改正呢？

✳ 应该论

"应该论"是许多成人都会犯的认知错误，在父母和孩子的关系中，有许多具体的例子体现。比如：

"父母都是为了你好，你当然应该听我们的话。"

"家里就应该干净整齐，你不应该乱扔东西。"

"我和你爸爸都是研究生，所以你在小学阶段就应该门门功课优秀。"

"女孩子就应该文静一点，你不要总是乱跑乱动疯疯癫癫的样子。"

……

不能不说，这些"应该论"里的许多"应该"是偏颇的、狭隘的、教条主义的、强硬的、武断的，甚至有一些是完全错误的。当然，也有一些是正确的，但这种正确是父母头脑里的正确，并不是孩子头脑里的正确；是父母对孩子的美好期望，但不代表孩子就必须满足。但父母把这些"应该"当成理所当然，一旦孩子的行为不符合这些"应该"，父母就会产生不满情绪。

"应该"的潜台词是"必须"：我认为应该这样，所以你就必须要做到！那么孩子就会有一种被强迫的感觉，不管他做到还是做不到，内心都是不舒服的，这势必影响父母和孩子之间的沟通。

事实上，除了法律，除了关乎人品道德的问题，世界上没有什么事情是必须应该做到的，如果父母能把握好这个底线，不以"应该论"要求孩子必须做到，那么父母和孩子之间就会少了很多冲突。

"应该论"是很多坏情绪的源头，孩子应该在父母的教育下成为一个更好的人，但这并不是说孩子的一言一行就应该符合父母的期望，如果父母能放下应该的执念，和孩子之间就更容易沟通一些。

＊完美主义

有许多父母有完美主义心理，对孩子某些不完美的表现吹毛求疵：

孩子竞选上了学习委员，父母并不满意："怎么没有竞选上班长？"

孩子考了全班第三名，他们也不满意："我的孩子必须是最优秀的，第一名才是你的目标，第三名就先别嘚瑟了。"

孩子交了一个朋友，父母颇有微词："那个男孩学习很一般啊，你怎么可以和这样的人交朋友？"

……

有完美主义倾向的父母在与孩子沟通的过程中，只能接受孩子的最好，无法接受孩子的次好，更无法接受孩子的平庸，也不懂得鼓励孩子。有这样认知的父母很容易对孩子产生失望、不满等负面情绪，而这也必然对孩子造成伤害，在这样的状态下，父母和孩子怎能好好沟通呢？

因此，父母应该放弃自己的完美主义想法，最起码不应该把这样的标准放在幼小的孩子身上，孩子的一切都在起步阶段，不完美才是正常的状态，而用完美的标准一刀切就造成了你和孩子之间的隔膜，这势必会影响你与孩子的交流。

✳ 给孩子贴标签

给孩子贴标签其实是把自己的主观臆断硬套在孩子身上，比如：

孩子说想去学书法，你马上说："就你这个多动症儿童，还去学书法，你坐得住吗？"其实，孩子只是性格活泼一点而已，根本就不是什么多动症，给孩子贴上一个"多动症"的标签，并不符合事实，这只是你打击孩子热情的武器。这当然是一个错误认知。

同样的，学校举行演讲比赛，问你要不要报名，你则说："你性格内向，不爱说话，胆子又小，别一上去就说不出话来。"性格内向、不爱说话就等于不能演讲吗？这之间并没有必然联系，这当然也是一个错误认知。

孩子把家里的钥匙弄丢了，你说："早就知道你就是个马大哈，以后再也不能把重要的东西交给你保管了。"孩子还小，一切性格和习惯都在形成期，并未固定，为什么要给孩子贴上一个"马大哈"的标签，这不等于是宣判孩子"死刑"吗？——你从此以后不可能是一个细心的人。

用贴标签的方法打击孩子，拒绝孩子，表达对孩子的不满，这本身就不是一个客观公正的认知，用这种方式抱怨和指责孩子，你发泄了自己的情绪，却使孩子遭到了不够公正客观的评价，请问，孩子愿意和这样的父母沟通吗？

贴标签有很多负面后果：夸大缺点，扭曲言行，逻辑错误，过早定性，强行归类，等等，用这样的认知来和孩子沟通，你有情绪，孩子更有情绪，两个有情绪的人根本不可能有良好的沟通。

　　因此，在和孩子沟通的过程中，不要轻易给孩子"贴标签""扣帽子"，不以偏概全，不过度归纳，就事说事，不随便评价孩子，这是正确的沟通方式。这样的方式，你愉快，孩子更愉快。

　　改变对孩子行为的认知，并非只是改变错误的认知，而对一些正确的认知也应该灵活处理，因为孩子的表现不可能都符合你的期待、达到你的要求，这个时候，如果你能宽容地对待孩子，调整一下你的期待，就不容易对孩子产生不满的情绪，这个时候再来谈和孩子的沟通问题，则会顺畅许多。

情绪管理方法 2：
拴住心中扑向孩子的恶魔

　　情绪这东西可怕不可怕，作家庄雅婷有一篇文章题目叫做《心有猛虎，请拴链》，用来形容情绪再贴切不过了，情绪就像人心中的猛虎，如果不懂得为这只猛虎拴上链子并把链子紧紧攥在自己的手中，猛虎就要出去伤人。所以情绪就是这么可怕，它像一只凶狠的野兽，也像一个恶魔，如果父母不懂得拴住这个恶魔，它就要扑向孩子，伤害孩子。

　　以下事件并非特例：

　　看到孩子磨磨蹭蹭就是不好好做作业，几个小时过去了，作业还没做完，妈妈怒从心头起，朝着孩子就是一巴掌，孩子捂着脸和妈妈怒目相向，或者哇哇大哭，伤心、委屈、不满等种种负面情绪充斥了妈妈和孩子的心中。

大街上有更歇斯底里的场景，孩子不听话，父母怒不可遏，一边骂一边打，声称"再不听话就不要你了"，孩子抱着父母的腿号啕大哭，哭声惊天动地，路人纷纷侧目。

在电视剧《虎妈猫爸》中，茜茜的妈妈是企业高管、高级知识分子，可是面对任性乖戾的女儿并没有更好的沟通办法，而是采取了怒斥、恐吓等情绪激烈的办法来让孩子听话。

在某综艺节目中，一个演员和妈妈之间有着深深的隔阂，他不知道该如何和妈妈沟通，他甚至害怕单独和妈妈待在一起，因为他是被妈妈打大的。小时候做错了事情，妈妈很少用温柔的语言来教育他，而总是用巴掌和拳头教训他，以致他不敢和妈妈接近。长大后，他逃离了妈妈身边，很少和妈妈说心里话，沟通对他和妈妈来说都是一件特别困难的事情。

训斥、恐吓、巴掌和拳头等激烈的方式能实现和孩子之间的沟通吗？最后一个事例告诉了我们答案，对孩子发泄情绪的后果是孩子和父母的距离越来越远，不但不愿意再和妈妈沟通，甚至不愿意和妈妈接近。拴不住心中扑向孩子的恶魔，就是把孩子从你的身边赶走，就是切断了你与孩子的情感连接与沟通渠道。

情绪其实谁都有，这一点每个人是相同的，但不同的是看谁能管理好自己的情绪，让它别出去随便伤人。情绪是自己内心的一部分，但它却和人争夺对自身的控制权，常常对孩子发脾气的父母事后常常说这样的话："我并不想向他发脾气，但我控制不了自己。""我当时气坏了，想都没想就给了他一个耳光。"这些父母没能拴住自己心中的恶魔，反倒被恶魔控制，恶魔一受到刺激就挣脱锁链扑向孩子，对着孩子疯狂地乱咬乱叫。这样的父母还能和孩子沟通吗？当然不能。孩子对你唯恐避之不及。

那么，用什么办法才能拴住这个情绪恶魔呢？

✱ 觉察自己的情绪

想要管理好自己的情绪，首先要能觉察到自己的情绪。很多被情绪控制的父母是根本没有意识到情绪的来到，没有察觉到情绪的变化，在没有任何防备的时候情绪这个恶魔就跑出去了。情绪是自己内心的一部分，但要做一个敏感的父母，时刻觉察这一部分的变化，就像能够看到它一样，它起来了，要张牙舞爪了，但又安静了。如果你能觉察到这整个过程，你就管理住了自己的情绪。因为觉察到它的来到，你就会试图不让它爆发。那么具体怎么觉察自己的情绪呢？

1. 时常做深呼吸练习

时不时做一些深呼吸练习，吸气，把气吸到小腹，然后再慢慢呼出。在这个过程中，你会感到自己的呼吸越来越慢，情绪越来越弱。容易情绪激动的父母如果经常做这样的练习，心情就会感到越来越平静。在做深呼吸的同时，你可以回忆一件孩子曾经让你情绪激动的事情，这件事为什么让你生气？当时你的情绪是怎么起来的？最后又是如何消失的？当时如果不发脾气，你会如何与孩子沟通，结果又会怎么样？这时你会发现，其实是可以不发脾气的，如果心平气和地和孩子沟通，结果可能不会那么糟糕。

2. 经常感受平静的情绪

如果按温度来划分情绪，情绪可以分三种，零度是平静的情绪，零度以上是正面的情绪，零度以下是负面的情绪，我们所说的恶魔是负面的情绪，会伤害人的情绪，需要我们管理的情绪。那些经常向孩子发脾气的父母经常感受到的是负面的情绪，但他们也会有情绪平静的时候，不妨在心情平静的时候什么也不做，静静地感受平静的情绪带给自己的惬意、舒服的感觉，经常体会这种感觉，爱上这种感觉，你就会讨厌被负面情绪缠绕的感觉，那么，一旦你想对孩子发脾气的时候，就会有所察觉，并想要赶走这种负面情绪。

3. 记录自己的情绪变化

要掌握自己的情绪而不是被情绪掌握，首先你要了解自己的情绪变化。可以做一个记录，今天的情绪是平静，明天的情绪是愤怒，后天的情绪是高兴。一个月后看一看，这个月我情绪平静的时候有多少天，情绪高兴的时候有多少天，而被坏情绪缠绕的时候有多少天，特别是冲孩子发了几次脾气。也可以把这个记录做成图表，以平静的情绪为分界线，分值为零，正面的情绪在分界线上方画一个点，负面的情绪在分界线下方画一个点，情绪越激烈分值越高，每天都画下自己的情绪状态，一个月后，把这些点连接起来，你的情绪变化一目了然，就像心电图一样，看着这个"心电图"，你的内心一定会有所觉醒，你会意识到自己有没有被情绪控制，你甘心被情绪控制吗？不甘心，就要学会管理自己的情绪。

做了以上三个练习之后，你觉察情绪的能力一定会有所提升，以前你对情绪是没有意识的，它何时来何时走你都不知道也无法控制，现在你能感受到它的变化，并尝试摆脱它的掌控。

＊ 掌握自己的情绪开关

如果我们仔细观察会发现，那些爱发脾气的人的情绪就像一包炸药，而别人的一句话、一个动作或某个行为能顷刻间点燃这包炸药。他们在和孩子沟通的时候，情绪不受自己控制，而是被孩子的言行左右。如果我们说每个人的情绪都有一个开关，那么他们的情绪开关不是掌握在自己手里，而是掌握在孩子手里。只要孩子的言行不合他们的意思，就如同按下了他们的情绪开关，他们会立刻冲孩子大呼小叫。这样的父母对孩子的言行不会做过多理性的思考和判断，他们的理性情绪很少，只要孩子的言行触到他们的痛点（情绪开关），他们的情绪就会立刻爆发。

比如，看到孩子早上迟迟未起床，你立刻怒火中烧，不管三七二十一把孩子训斥一番。孩子"睡懒觉"这个行为触动了你的情绪开关，你根本就不会去思考一下孩子为什么没起床，是不是昨晚做作业做得太晚，是不是生病了，还是有其他的原因？很多事情本该有理性的思考，但你缺少这个步骤，所以你非常容易情绪爆发，而且速度非常快，让孩子防不胜防。

如果你不能掌握自己的情绪开关，你就无法拴住心中扑向孩子的那个恶魔。所以，你的神经不能过于敏感，在看到孩子的某些言行时，你应该先思考再行动，当你思考的时候就是在管理自己的情绪、压制心中的恶魔，也就关掉了自己的情绪开关，之后再去和孩子沟通，你会发现，无论孩子做得错与对，你都可以理性地和孩子交流，而彼此的沟通不会成为一场战争。

如果你能觉察到自己的情绪变化，并能把自己的情绪开关掌握在自己手里，那么你就拴住了心中扑向孩子的那个恶魔，那么接下来，才有可能有理性和愉快的沟通。

情绪管理方法3:
未了解真相前不主观猜测

情绪产生的原因有多种,其中有一种是这样的:

你接到孩子老师打来的电话,说请家长第二天到学校去一趟,有重要的关于孩子的事情和父母商谈。你连忙问是什么事儿,可老师偏偏不说,说一切等第二天见了面再说。

放下电话,你心里开始嘀咕:"为什么老师又要找我谈话?是不是孩子又闯祸了?这次是考试没考好,还是又打架了?被老师叫去谈话,好没面子,这孩子老是给我惹麻烦,等会儿回来看我怎么收拾他!"

于是,孩子还没回来,你就攒了一肚子的怒火,等着孩子回来后质问他。

偏偏,放学时间过去好久了,孩子还没到家,这似乎更验证了你的猜想:"肯定是犯错了,知道老师已经和我联系了,怕我问他所以不敢回家。哼！躲得了初一你躲不了十五！"

孩子没回来，你坐立难安，饭也没心思做，开始拨打老公的电话，结果，老公的电话无人接听，你更气了："怎么回事啊，关键的时候总是无人接听。"

你扔掉电话，干脆下楼来到小区门口，焦急地等待孩子回来，边等边想："等会儿回来你必须给我老实交代到底是怎么回事儿！"

在这里，你的情绪是怎么产生的？猜测。不过是老师的一个电话，就引起了你的诸多联想。没错，没有重要的事情，老师不会约家长面谈，但重要的事情是否就一定是孩子犯错误呢？当然不一定。但就因为孩子曾经犯错被叫过家长，你就可以猜测这次也是因为孩子犯错吗？老师约家长谈话就一定是因为孩子犯错，不能是因为孩子做了什么好事儿或其他的事情吗？

你之所以会做这样的猜想，是潜意识在告诉你，孩子不值得被你信任，他只会给你制造麻烦，你必须要给他一点教训。

这同时也说明，你的情绪不是建立在理性的思考上，没错，你也有思考，但你的思考不是客观的，而是主观臆测。理性的情绪和理性的思考不是一回事儿，凡是建立在认知上的情绪都是理性的情绪，但认知如果不是建立在客观的基础上，同样不是理性的思考。

你对孩子的所有主观猜测都是自己编造的一个故事，都是自已的假设，而且你已经相信了这种假设，并且准备在孩子回来后好好地教训教训他，那么，不管你的猜测是真是假，接下来都不会是一场愉快的沟通。

当孩子回来后，还没来得及说话，你就开始大声责问孩子："你为什么现在才回来？放学不回家在外面瞎晃荡什么？"

孩子委屈地说："我在同学家做作业，做完了才回来的。"

"为什么要在同学家做作业？为什么不回来做作业？"

"没有为什么，就是想有人做个伴一起做作业。"孩子疑惑地说。

"还说谎？快给我说实话！"你穷追不舍。

"我没有说谎，我说的就是实话。"

"老师为什么要找我谈话，是不是你在学校又犯错了？"

"我没犯错，你为什么认为老师找你谈话就是因为我犯错了？"孩子的情绪开始不高兴。

"因为上次就是这样。"

"上次是上次，不代表这次还是这样！"孩子开始生气，他感觉到了妈妈对他的不信任。

"别不承认，等我明天见了老师就知道了。"

"你去见吧，反正我最近没做坏事。"孩子说完气鼓鼓地走开了，不愿意再和妈妈交流。

等第二天到了学校一看，才发现，有好几个学生的父母都在座，原来是找了几个家长代表商量一些关于学生和学校的共同议题，根本和孩子有没有犯错无关。这时，父母才发现，错怪孩子了。

　　知道了真相，你才后悔误解了孩子、伤害了孩子，而且，自己因猜测而生出的许多情绪真多余。

　　如果在和孩子相处的过程中，我们不是去了解发生在孩子身上的客观事实是什么，而是凭着自己的主观猜测去假设孩子的行为，那么一定会凭空生出许多情绪，面对很容易起负面情绪的父母，孩子怎么可能愿意和你沟通，而你也不会感到幸福。

　　其实，在了解真相之前，事情是有多种可能的，比如老师叫家长去谈话可能是因为孩子做了错事，也可能是因为孩子做了好事，或者如案例中所讲的只是去商量事情，但是，妈妈为什么没有做后两种假设，而是做了第一种假设？是因为她潜意识里已经相信了第一种假设就是事实，潜意识里不相信孩子会是个好孩子，假如你经常做这样的假设并因此而起很多情绪，那么一是孩子不再愿意和你沟通，因为你不信任他，不理解他；二是孩子真的可能变成了一个坏孩子，既然你不信任他，他干脆也破罐子破摔。这就是误解的结果。

　　所以，不去客观地了解事实，而仅凭主观猜测孩子的行为，就是制造沟通的鸿沟，把孩子越推越远。

　　那么，怎么做才能杜绝这种情况？

✳ 不胡思乱想，等待真相

俗话说："天下本无事，庸人自扰之。"坏情绪很多时候来自你的胡思乱想，来自于不符合客观事实的种种假设，假如你在了解真相之前，不过多地联想，不去做这样那样的假设，而是静静地等待真相浮现，那么你就不容易有情绪。一个人越是客观越是淡定，越是主观越容易假设，越容易因假设而生气伤心，自己无端端地制造出一个"假想敌"生闷气，然后带着这种情绪和孩子沟通，制造出更多的误会。为什么要做这样不会沟通的庸人？比如孩子的老师约自己谈话，你并不知道老师要说什么，不知道并不会带来坏的后果，但如果胡思乱想就会让自己不开心，就会想去指责孩子。不如索性什么都不想，什么都不做，这样你的心情就会渐渐平静下来，你的情绪就得到了有效的管理。

✳ 可以假设，但假设只是假设

假设会生情绪，但是不是说我们就完全不可以假设？也不绝对。因为人在听到一件事情时会不由自主地想要分析，而分析时难免要假设，然后再想办法去验证自己的假设。但是，在假设没有得到验证之前，你要明白，你的假设只是假设，不是事实。如果你做不到静静地等待真相，那么你可以假设，但只能把假设当成一种可能，而不是肯定。这样，你也可以免去许多不必要的情绪。等见到老师或孩子时，你自然就知道了真相，那时如果真相真的符合你的假设，再去生气也不迟（其实这时也不必生气，因为你仍然可以通过"放下对错，关注孩子的感受"来管理自己的情绪）。但起码你生气的次数会因此而减少，你和孩子的冲突也会减少。

在做假设时，父母最好不要做这样的假设：以偶然推测必然，以过去推测未知。意思是说，孩子以前犯过一次或多次这样的错，但不能以此推断现在这件事还是他做的。因为这样的推断虽然有一定的概率存在，但也是一种主观臆断。

＊去验证假设，但先不沟通

假如你忍不住还是要胡思乱想、做种种假设，那么接下来你要做的事情是去验证你的假设是不是事实，而不是去和孩子沟通。因为不了解事实盲目地去和孩子沟通，会因为误解孩子而使孩子产生不快，那么你有情绪孩子也有情绪，彼此很难达到有效的沟通。但是，如果这时你先不和孩子沟通，而是去了解事情的真相，结果就不一样了，当你了解到事实的真相和你的假设不一样时，也许你的情绪就消失了。

所以，在你能够验证假设的时候就积极地去验证假设，了解真相，在你无法验证的时候，不妨什么都不要想，什么都不要做，静静地等待真相的出现。但在真相出现之前，能不假设就不假设，更不要带着假设去和孩子沟通，那样的沟通没有任何价值和效果。

情绪管理方法 4：
放下对错，关注孩子的感受

这样的生活场景父母们一定很熟悉：

孩子半躺在沙发上看电视，脚随意地搭在茶几上，父母看到这个情景立刻来气了："把脚放下去！坐直了！"

孩子有点不情愿："为什么要把脚放下去？为什么要坐直了？"

"茶几是放脚的地方吗？小孩子坐就要有坐相，站就要有站相，东倒西歪的像个什么样？"

"可是我这样坐着舒服。"

"但你这样是不对的！"

"哪里不对？"

"脚就要放在地上，坐就要坐直，这是规矩！"

"我为什么要遵守这个规矩？"

"没有规矩不成方圆！"

"为什么要成方圆？"

"为了大家能够更好地生活在这个世界上。"

"我这样做又没有影响别人好好地生活在这个世界上。"

……

一场争执就这样开始了。

教育孩子懂规矩、知对错不对吗？当然是对的。一个人首先要知道什么事可以做，什么事不可以做，才可以很好地生活在这个世界上。对错、道德、规范是为了约束人们的行为，让一个人在不妨碍、不伤害他人的情况下做自己想做的事情。可以说，对错是这个社会能够正常运转的保证。因此，知对错特别重要，一个人是否知对错是他是否长大的标志，一个孩子如果连基本的对错都不知道的话，他的父母是会被大家耻笑的。

所以，父母都把教育孩子"知对错"看得特别重要，孩子做的每件事父母都习惯用"是不是对"这个标准来衡量他们，一旦看到孩子做的某件事不符合所谓的对错标准，父母马上就起情绪："你怎么可以这样？这样做是不对的！"而孩子做一件事情的出发点则和父母不同，他们首先考虑的是我做这件事情是不是舒服和开心，其次才是对错。因为对错这个标准是个双刃剑，它让这个社会正常运转的同时也会让人们感到受到了约束，所以每个人只要有机会都会想要摆脱这种束缚。尤其是孩子，他们身上没有那么多的对错标准，他们在做事情时更多的是受本能驱使，我想做就做了，我这样开心、舒服我就这样做了，较少考虑对错或他人的感受，这就和父母的要求背道而驰，因此，父母一看到孩子的某些举动不符合自己的对错标准就会批评指责甚至大发雷霆，那么，自然就影响了接下来与孩子的沟通。

但是，什么是对错？对错的标准是谁制定的？对错重要吗？这几个问题其实并没有绝对的答案。比如孩子半躺在椅子上，这在学校绝对是错的，但在家里就不一定是错。孩子把脚跷在桌子上，这在学校就是严重的错误，但在家里即便不太对也不是多么严重的错误，起码不值得父母大发雷霆。如果父母把对错的标准执行得过于严苛，必然会影响孩子的感受，引起孩子的反弹。

而且，有些对错标准是父母制定的，孩子并不认同。比如父母觉得书桌就必须整整齐齐、干干净净，而孩子觉得乱一点没关系，只要我能找得到我的东西就可以。于是父母就得出了孩子"不听话"的结论，其实不是孩子不听话，而是父母总是用自己的对错标准来要求孩子。

即便有时候的的确确是孩子错了，但如果你能够把注意力先放在孩子的感受上面，再来关注孩子的对错，你就不那么容易起情绪。比如这样：

孩子和其他小朋友一起玩耍时发生了摩擦，把一个小朋友推倒了。这时候你会怎么教育你的孩子？

一、"你怎么可以和其他小朋友打架？你知不知道你这样做是不对的？今天我必须惩罚你，罚站两个小时！"

二、"你今天把小朋友推倒了，你觉得他会怎么样？"

"我不知道。"

"如果是别的小朋友把你推倒了，你会怎么样呢？"

"我会又生气又伤心。"

"那你希望对方怎么做，你才不生气不伤心呢？"

"我希望他向我道歉。"

"那你觉得被你推倒的那个小朋友现在在想什么呢？"

"他肯定也希望我向他道歉。"

"那你想怎么向他道歉呢？"

"我送给他一个我的玩具吧。"

"好的，妈妈和你一起去。"

第一种方法只教会了孩子对错，第二种方法不但教会了孩子对错，还教会了孩子如何去弥补错误，如何去体会别人的感受，如何给别人爱。

第一种孩子长大后会成为一个好人，第二种孩子长大后会成为一个有爱的好人。

第一种父母只顾自己发泄情绪，无视孩子的感受，其结果可能是孩子不听你的话，也可能孩子听了你的话，但心中充满怨恨。第二种父母把孩子的感受放在第一位，在关注孩子的感受的同时和孩子沟通。

无疑，第二种沟通是愉快和顺畅的，更容易让孩子听取你的意见，因为父母在和孩子沟通的过程中管理住了自己的情绪，而能够管理自己情绪的原因则是暂时放下对错，关注了孩子的感受。这样的父母是会沟通、高情商的，而教育出来的孩子也是会沟通、高情商的。

如果你的第一反应是孩子的对错，而不是孩子的感受，那么你将是个非常容易起情绪的父母。

因此，放下绝对的对错标准，多关注孩子的感受，就能较好地管理自己的情绪。具体怎么做呢？

＊ 看到孩子的错误时，先问一问自己"这个错误严重吗？重要吗？是真的错了吗？"

当看到孩子有了你不认同的言行时，先问问自己："这个错误严重吗？是不是可以忽略？在这个问题上和孩子纠结对错是不是小题大做？是孩子真的错了，还是我在用我的对错标准在要求孩子？孩子的这个错误值得我发火吗？"当你问完这几个问题后你会发现，不管孩子没错还是有错，你先冷静下来了。这时，你的情绪就得到了有效的管理。

父母在平时要注意，要用弹性的对错标准来要求孩子，不要用自己的对错标准来要求孩子，不要总是把注意力放在孩子的对错上。如果能做到这一点，你会发现，孩子值得你发火的错误行为其实没那么多。

✱ 当孩子真的错了时，告诉自己"先放下对错，关注孩子的感受"

当孩子真的做错了事情时，不要首先或只是愤怒地批评孩子，那只会让孩子感到愤怒或委屈，从而不配合你的教育。而是先放下对错，关注孩子此刻的心情是怎样的，也许他此刻也很沮丧、后悔、难过，如果你能放下本能的情绪和理性的批判，用心去感受一下孩子的心情，你就会比较容易理解孩子。如果孩子感受到了你的关怀，他就愿意敞开心扉和你沟通，而这个时候，你再引导孩子去认清对或错就比较容易。

如果把孩子比喻成一棵树，关注孩子的对错就是关注这棵树长得直不直，而关注孩子的感受则是关注这棵树有没有浇水、施肥、晒到太阳，一棵树长得好不好，不仅在于长得直不直，还在于有没有得到充足的水分、肥料和阳光。只关注孩子对错的父母是冷漠的，关注孩子感受的父母则是温暖的、有爱的，在爱里长大的孩子才是愉快的，才会爱别人。

当父母学会用爱去教育孩子，而不是用对错去"管"孩子的时候，父母的情绪消失了，孩子也变得听话了，而愉快和有效的沟通也实现了。

管理情绪与控制情绪

　　情绪失控是很可怕的事情，它会让人口不择言、歇斯底里，一个情绪失控的父母即便心中有爱也难以让孩子感受到自己的爱，也会因心中有情绪而接收不到孩子的爱，显然，情绪失控的人是很难感受到幸福的。

　　但是，情绪是否因此就应该被"控制"呢？这里，我们要纠正一个大多数人头脑里的错误认知：情绪无法被控制，只能被管理。控制情绪和管理情绪有什么区别？

　　控制情绪就是我们常说的"忍"，就是把情绪压在心里，不表达、不解释、不发泄，那么，就犹如"忍"字是"心上一把刀"一样，忍是会伤害自己的，忍久了，身体和心理都会出现问题，而且一旦最后忍不住爆发出来，则会给自己和他人带来更大的伤害。控制情绪的人外表看起来很平静，但内心其实波涛泛滥，所以，控制情绪的人心中的情绪并不会消失。

　　管理情绪是通过各种有效的办法使自己尽量不起情绪，或者使已经起的情绪逐渐消失，管理情绪的人外表看起来很平静，内心也很平静，他们能经常感受到幸福的存在。

　　控制情绪的人外表和内心是分裂的，管理情绪的人外表和内心是和谐的；控制情绪的人往往是忍受、委曲求全，内心不愉快。而管理情绪的人内心很少有负面的情绪，能经常感受到愉快。这两种人在与人相处和沟通时状态肯定不同：控制情绪的人可能表面上不发脾气，但说话会阴阳怪气，或者做出一些让你无法理解的举动，他们通过这种方式来隐性发脾气。所以控制脾气的人常常会让人觉得莫名其妙，这就会带来沟通上的障碍。但能够管理好自己的情绪的人，说话很和气，行为也容易让人理解和接受，他们基本上不发脾气，若心中有情绪也会通过恰当的方式表达出来，比如述情，所以能够管理好自己情绪的人就很容易沟通和相处。

所以，为了更好地与孩子沟通和相处，父母要管理好自己的情绪，我们不建议父母去控制自己的情绪，父母也不要教孩子去刻意控制自己的情绪。

每个人心中的情绪只能向外走，有几种方式：第一，自我疏导或调整，具体方法就是我们本章所讲的四种方式；第二，表达出来，用平和比如述情的方式说出来；第三，发泄出来，如果前两种尝试后都没有效果，对方还是不能理解我们的时候，我们也可以尝试用吵架、哭泣等较为激烈的方式发泄出来。发泄虽然有时也会带来一定程度的伤害，但它比一味地自控要好，因为自控既伤害自己又不利于沟通，发泄可以让自己的情绪得到释放，同时对方也感受到了你的心情，这对于沟通是有帮助的。

控制情绪是让自己的情绪向内走，只会控制情绪不会管理和发泄情绪的人时间久了可能会得忧郁症，得忧郁症的人其实都是不善沟通的人，能把自己的情绪通过合理的方式释放出来或传递给他人的人才是善于沟通的。

所以在沟通中，情绪管理是如此重要。父母要成为一个能够管理情绪的人，给孩子创造一个好的环境，影响孩子从小也成为一个懂得管理自己情绪的人，那么对你与孩子之间的沟通和孩子的一生都是有益的。

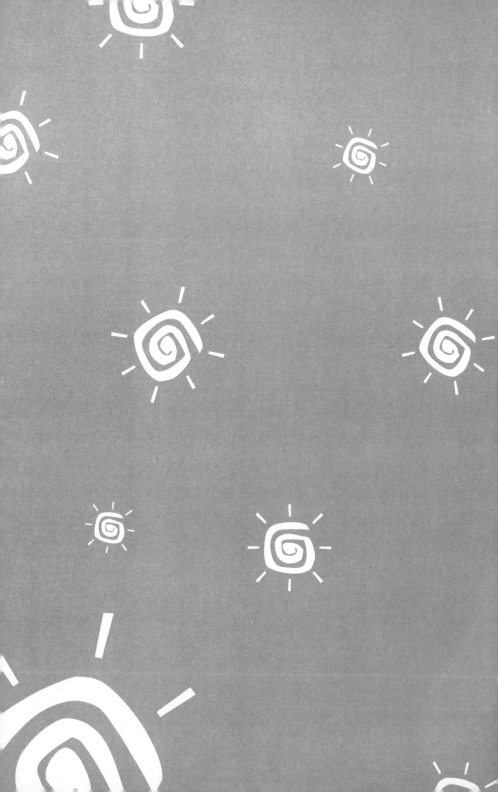

第三章

倾听
用心听孩子想说的，孩子才会听你说

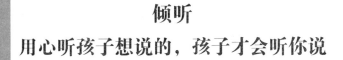

　　在沟通中，倾听的重要性为什么要排在表达前面？因为不懂倾听的人说得再好也没用，而且不懂倾听的人也谈不上是会表达的人。想要在孩子表达时给孩子正确的反馈，想要让孩子认真听你说，那么你要先学会用心听孩子说。学会倾听，让有效的沟通从这里开始。

不会倾听的父母往往不懂沟通

说到与孩子之间的沟通，似乎父母更重视如何表达，但其实，在表达之前首先要做的是会听，不明白孩子在说什么，就无法给孩子正确的回应，也就实现不了有效的沟通。倾听先于表达，倾听的重要性一点不逊于表达，不会倾听的父母其实是不懂得沟通的父母。

让我们来看看这几个父母和孩子的沟通是如何因不会倾听而中断的。

案例1：

孩子兴冲冲地跑过来："妈妈，妈妈，这是我刚刚画的画，你看画得好吗？"

"好，好，好。"妈妈连看都没看一眼。

"妈妈，你看一看嘛，老师都说画得好呢。"

"好好好，先放那儿吧，我有时间再看。"说完，头也不回地走开了。

儿子望着妈妈的背影，脸上是悻悻的表情，心中则是异常的失望。

妈妈终于忙完了，突然想起来儿子的画，问道："儿子，你让妈妈看什么画，拿来看看。"

"不用了，画得不好，我已经撕了。"

"哦，今天在学校有什么有趣的事情和妈妈说吗？"

"什么都没有！"儿子头也不抬，面无表情，冷冷地说道。

案例2

"爸爸，我跟你说，今天我们班的小华和小灵吵架了呢？"

"那个……你今天作业做完了吗？"爸爸问。

"爸爸，我们班那个小华他总是爱和别人吵架，我们班同学都不喜欢他，爸爸，你说，我要不要和这样的同学做朋友。"

"儿子，下个学期不要再上美术班了，我给你报个英语班，你的英语成绩要尽快提高上来。"

儿子沉默不语。

"唉，我跟你说话，你听见没有？"爸爸有点不高兴地问儿子。

"没听见，没听见，没听见！"儿子不开心地跑走了。

这两个案例有同一个结果，就是孩子拒绝继续和父母沟通。为什么拒绝？因为父母没有好好听孩子说话。第一个案例中妈妈不认真听孩子说话，用敷衍浇灭了孩子和妈妈沟通的热情；第二个案例中爸爸则根本就不听儿子说什么，爸爸的耳朵仿佛关闭了，听力仿佛失灵了，儿子说什么他仿佛都听不到，完全不理会，却只顾自己表达，反过来责怪孩子不回应他的话。这是多么愚蠢的父母啊。自己不懂得如何沟通，却责怪孩子不愿意和自己沟通；自己不懂得如何倾听，却斥责孩子不回应他的话，这样完全不懂得沟通的父母，最终使孩子失去了和他沟通的兴趣。

沟通有一个基本原则，即沟通是双向的语言和情感的流动，是你来我往，是你认真听我说，我才会认真听你说；是你听懂了我说什么，我才会有兴趣继续表达，继续和你沟通。沟通不仅仅只是输出信息，同时也是接收信息，这两者是同时进行的，这才是沟通，这才有可能产生有效的沟通。

但很多父母把沟通等同于发布信息和发号命令，我说什么你听就是了，我说什么你都照做，他们认为沟通的目的是让孩子听话和服从，但其实并不是这样，沟通是为了互相交流信息和感受，是一种分享，是你心到达我心的一个过程。所以，不会倾听，不懂得接受孩子传递过来的信息和感受，就不可能给孩子正确的反馈，而这样会产生极坏的后果。

首先，不懂得倾听会伤害孩子。在第一个案例中，孩子拿着自己画的画兴冲冲地给妈妈看，妈妈则轻易地拒绝了孩子的举动，她拒绝的不仅是孩子的这个行为，更是孩子与她分享和交流的强烈欲望。孩子想要与妈妈沟通的热情被打击，内心一定会有受伤的感觉，那么之后再与父母沟通的欲望和热情就会减少甚至消失。

其次，不懂得倾听无法走进孩子的内心。不懂得倾听，你怎么知道孩子在表达什么，在想什么，他没有说出来的潜台词又是什么？只有倾听才能走进孩子的内心，因为倾听不仅仅是听孩子说话的内容，更是通过倾听去体会孩子的心情和感受，甚至要通过倾听去捕捉孩子的潜意识，了解孩子更深层次的内心在想什么，不会倾听，这些都无法做到。不知道孩子的真正心理感受和需求，你又如何与孩子沟通？

最后，不懂得倾听会使孩子产生逆反心理。不懂得倾听孩子的表达，孩子就会有被敷衍、不被重视或不被理解等负面感受，这种感受会使孩子产生逆反心理，不再听从父母的话，不再愿意和父母沟通，例如案例 2 中孩子不耐烦地对爸爸说："没听见，没听见，没听见！"当你不懂得倾听孩子的心声时，孩子对你的表达也没有兴趣。

所以，不懂倾听，沟通完全进行不下去。

认真倾听代表着你对孩子的尊重和重视，说明你对孩子的表达充满兴趣，这会刺激孩子和你沟通的欲望。而懂得倾听的父母不仅仅说明你有尊重孩子的态度，更代表着你有很高的情商和沟通的技巧。所以，不懂倾听的父母不懂沟通，不懂倾听，你和孩子之间进行的一切对话都只是你的自我表演。这样的父母是极其自恋的，而孩子在这样的沟通中缺乏参与感，缺乏内心被"看见"的感觉，即你不懂孩子，孩子最终也不愿或无法懂你，于是，孩子和你之间就失去了情感连接，最后变得无法沟通。

所以，父母若想实现和孩子之间的有效沟通，必须从学会倾听开始。

正确倾听方法 1：
听孩子说完

在沟通中，听对方说完再发表意见，这似乎是一件很容易做到的事情，但事实并非如此。有些父母在听孩子诉说时，常常是急不可耐地打断孩子的话，然后开始慷慨激昂地发表自己的意见，这常常弄得孩子非常沮丧，沟通也因此变得不畅甚至搁浅。比如这样：

孩子放学回到家，跟爸爸妈妈说道："爸爸妈妈，我和你们说一件事儿，我们班今天进行班干部的选举活动，我被选为班长了，但是我想了一下，我不太想当这个班长，因为……"

"你怎么可以不当班长呢？孩子，你太傻了！"一听到孩子说不想当班长，爸爸立刻情绪激动，"你知不知道多少人想当班长当不上呢？你好不容易选上了，为什么不当呢？当班长可以锻炼你的领导能力，对你的成长会有很大的帮助。选不上倒也罢了，选上了可千万不能不当。再说，你当上班长，爸爸妈妈脸上也有面子不是？人要求上进，这班长可不能不当。"

"爸爸，你说得都对，但是，我觉得我不适合当班长，因为……"

"哎呀，哪有什么适合不适合，谁也不是天生就适合干什么的，你们班同学能选你当班长就说明你非常适合当班长，你要为自己感到自豪，要相信你们班同学的眼光。"

"可是，我……"

"别可是了，不就是当个班长嘛，哪有那么多事儿？"

"唉，算了，不跟你说了。"孩子起身走了，不再理爸爸。

"喂，干吗走啊，为什么不跟我说了？"

"跟你呀，没法儿沟通！"孩子远远地甩出一句话。

　　孩子本来是抱着极大的诚意来和父母沟通的，但最终是什么让沟通进行不下去了？是爸爸根本就没有耐心听孩子想要说什么，他根本就没有给孩子把话说完的机会，而是极不礼貌地打断了孩子的话，并武断地发表自己的意见。爸爸为什么会有这样的举动？表面上是爸爸不接受孩子不当班长这个行为，但更深层次的原因是，在他的潜意识里，孩子的想法并不重要，他的想法才重要。什么样的人会有这样的潜意识？自恋的人。自恋的人往往认为自己的想法才是正确的，自己怎么想才重要，而对方怎么想并不重要，尤其是面对孩子：你还这么小，你的想法怎么可能有我正确呢？所以，你怎么想并不重要，你只要照着我说的做就对了。这个时候，除了自恋，还有父母的权威欲在作祟。

即便孩子的想法是正确的，他们也没有兴趣认真倾听，因为他们把沟通等同于"你听我说"，在沟通中他们要掌握主动权，父母的这种心态，除了自恋，除了权威欲，还有一定程度的掌控欲，即通过这样的方式掌控孩子的思想和行为。

所以，无论孩子做什么样的决定，他们不但习惯否定，而且连听一听孩子做这个决定的原因的兴趣和耐心都没有，这样的父母谈何懂得倾听，懂得沟通？

而且，他们并没有意识到这一切，反而埋怨孩子为什么不和自己沟通。这类父母以为他们是在和孩子沟通，其实他们不过是在强迫孩子接受他们的意见而已，这不是沟通，这甚至不是建议，而是一种强迫和命令。

这样不平等的沟通，孩子当然不愿意继续，所以，请务必让孩子把话说完。

✳ 请不要打断孩子的话

在别人没有说完时，请不要随意打断别人的话，这不是什么高端的沟通技巧，这其实是一种礼貌，即便是父母面对孩子也应该如此，孩子也需要你礼貌地对待和尊重。不管你同不同意孩子的观点，孩子都有权表达自己的想法。不让孩子说完，你又怎知该对他说些什么，你又怎知，你的回馈是正确的，是孩子想要的？三番五次地打断孩子的话，是沟通中最忌讳的事情。有这种习惯的父母，长此以往孩子将不再愿意和你沟通。

✳ 不要急于否定孩子的想法

打断孩子的话已经是错，更错的是刚听了个开头就急于否定孩子的想法。孩子需要得到你的肯定和鼓励，轻易否定孩子的想法并且是不明缘由地否定孩子的想法，就犹如给孩子的热情浇了一盆冷水，孩子会因为不被理解而感到委屈，在这样的心情下，孩子不会愿意和你沟通。

✳ 请听一听孩子的理由

在沟通中，在没有听到孩子的理由之前，我们不能简单武断地认为孩子的想法就是错误的，即便以父母的判断，孩子的想法显而易见是错误的，孩子也有权利说出他的理由，沟通就是为了交换彼此的想法，你不让孩子说出他的想法，怎么可能和孩子沟通？如果你想要说服孩子听从你的决定，就必须要听一听孩子的理由，因为简单地否定孩子的决定是没有说服力的，你必须要告诉孩子，为什么孩子的决定是错的，你的决定是对的，要回答孩子"为什么"，就必须了解孩子的决定背后的理由。

给孩子表达的权利，不管他说的是错还是对，不管他说什么，因为认真听孩子说完，本身就是对孩子的理解和重视。听孩子说，你在乎的是孩子，而随意打断孩子的话、急于发表自己的看法，你在乎的是自己。孩子是能感受到这两者的区别的。

在沟通中，听孩子说完，并不是什么高深的沟通技巧，却是如此简单却又如此重要的沟通方法。

正确倾听方法2：
放下手中的一切听孩子说

　　认真倾听的"认真"二字如何解释？最准确的答案就是——不敷衍，专心致志。"专心听孩子说"和"听孩子说完"一样，首先，体现的是对孩子的尊重和重视，是对孩子与你之间的沟通的重视；其次，专心致志听孩子说才能接收到更准确的、更全面的信息，才能给予孩子准确的反馈。但实际上，许多父母做不到认真听孩子说。

　　"妈妈，我有一件重要的事情跟你说。"孩子表情严肃，看来是一件很重要的事情。

　　妈妈正在收拾房间，家里总是乱七八糟的，这让她感到心烦。她一边忙碌着，一边对儿子说道："说吧。"

　　"妈妈，你先停会儿，等我说完了你再收拾。"孩子请求道。

　　"不用，你说吧，我听得见。"妈妈扔下抹布，拿起拖把。

"好吧。"看着妈妈没有停下来的意思，孩子只好作罢，"我们学校要举行一个才艺大赛，我想报名参加，有画画、唱歌、弹琴等好几个项目，你说我报哪个比较好？"

"哪个都可以，反正你这几样的水平都差不多。"

"可是我不知道报哪一个能拿到好名次。"

"哪一个都行呀，反正我儿子这么棒，名次肯定是不差的。小心，抬脚！"妈妈叫道。

儿子连忙把脚抬起来，拖把从他脚下飞过。

"妈妈，你能不能先别忙着拖地，好好帮我参谋参谋。"孩子有点不满意了。

"我就在帮你参谋啊。"

"你哪里是在参谋，你分明是在敷衍我！"孩子生气了。

"没有啊，妈妈就是在认真和你说呀！"

"哪里认真了？哼！不跟你说了，我找爸爸商量去。"儿子起身走了。

沟通的技巧和方法固然重要，但良好的态度是前提，专心致志地听孩子说，才能让孩子感受到你在认真地与他沟通、你对他所说的话题感兴趣并很重视，那么孩子就更有兴趣和你沟通。反之，若是你让孩子感受到了你在敷衍他，那么，他会随时中断与你的沟通，并且在日后可能也不愿意和你沟通。

父母重视与孩子的沟通，但却不重视沟通时的细节，沟通是从听开始的，认真倾听是良好沟通的开端，不认真倾听则是沟通的结束。仔细想一想，曾经，孩子和你说话时，你在干什么？你是不是在工作、看电视、看报纸、玩手机或做家务？你有一搭没一搭地和孩子说话，有时你接错了孩子的话，因为你没听清楚孩子在说什么；有时，孩子问了你好久，你不回话，因为你没听到孩子在说什么；有时，你敷衍地告诉孩子，就这样吧，就先这样做吧；有时，你匆匆忙忙地打发孩子，现在我有事儿，改天再说吧。你认为你手里正忙活的事情比与孩子的沟通更重要，你觉得孩子打扰了你，却没有意识到，你的态度伤害了孩子。

许多父母愿意花很多的时间来学习沟通的技巧和教育孩子的方法，却没有意识到，最好的沟通方法其实是爱，专心地与孩子沟通，其实就是用心、用爱与孩子沟通，调动身心的一切能量与孩子沟通，这样的沟通才会产生能量的互动。

所以，在与孩子沟通时，先别做其他事情，放下手中的一切听孩子说，专心致志地与孩子沟通，或许众多的沟通方法和技巧不是一天两天能掌握的，但良好的沟通态度却是可以马上做到的。

✳ 看着孩子听孩子说

孩子说话时，当你需要看着孩子时，就必须停下正在做的事情，而看着孩子的眼睛听孩子说话，最能体现父母真诚的态度，在沟通中，眼神的交流，肢体语言的回应，无不影响着沟通的效果。因为沟通不仅仅是信息的交换和语言的交流，更是心与心的交流，而父母与孩子之间眼神的互动和肢体语言的回应足以说明你是在调动身心听孩子说话，那么你认真的态度和投入的程度都能够感染到孩子，使他更有欲望和热情与你沟通，这将直接影响沟通的效果。

＊ 抱着孩子听孩子说

在孩子很小的时候，我们习惯于抱着孩子说话，哪怕孩子听不懂。当孩子长大了，能听懂我们的话了，我们却不习惯于抱着孩子和孩子说话了。拥抱其实是一种最直接、最温暖的交流方式，无论是在成人之间还是父母和孩子之间，一个拥抱胜过无数语言。所以，当孩子和你沟通时，如果你放下手中的一切，把孩子抱在怀里，静静地看着孩子说："有什么事情要告诉妈妈，妈妈很想听哦。"那么无论孩子将要和你沟通什么，你温暖的拥抱和语言首先会让孩子感觉到温暖，这就创造了一个良好的沟通氛围，使沟通有了一个良好的开始。

看着孩子的眼睛听孩子说，抱着孩子听孩子说，当你做出这两个举动时，你也就放下了手中的一切，停下了正在做的事情，开始认真地、用心地倾听孩子说话，当你用心地听孩子说时，孩子才有可能认真地对你说、听你说，那么，良好的沟通才有实现的可能。

正确倾听方法3：
没有回应的倾听不是倾听

在戏剧表演中，一个人表演时，对手演员一定要有恰当的反应，表演才能进行下去，对手演员精彩的反应能够刺激表演者发挥出更好的水平。在这一点上，沟通和表演有相似之处，因为沟通也是一个互动的过程。当一个人在表达时或表达后，倾听者如果没有恰当的反应，沟通就无法持续进行。

周末，爸爸正在阳台上闭目养神，儿子走了过来："爸爸，我刚刚看了一部电影，可好看了，要不要我讲给你听听？"

"哦，好。"爸爸伸了个懒腰，换了个更舒服的姿势。

"这是一部动画电影，名字叫《疯狂原始人》，"儿子饶有兴致地讲了起来，"一个居住在山洞中的原始人家族，家族的老爸为了保护家人的安全，不允许家人打破家规，更不允许家人去冒险。但是女儿小伊却讨厌墨守成规，有一次，小伊偷偷跑到山洞外面，遇到了一个具有探险精神的男孩盖，得知世界末日即将到来。果然，不久后，家人居住的山洞被毁，一家人被迫离开家乡，在盖的帮助下踏上了一段充满冒险却非常有趣的旅程。他们历经重重磨难，来到一个美丽的海边，建立了自己的新家园，过上了幸福的日子。"

儿子讲到这里，望了望爸爸，他讲得津津有味，却发现爸爸两眼呆呆地望着前方，不知道在看什么、想什么，他问爸爸："爸爸，你有没有在听我讲？"

老爸如梦初醒："有有有，你继续，你继续。"

"这部电影的色彩和动画效果都好极了，爸爸，我觉得比咱们上次看那部《飞猫历险记》要好看。"

"哦。"爸爸还是一脸默然。

"爸爸，你怎么总是'哦'啊，我讲得这么起劲儿，你一点反应都没有。"

"有啊，怎么没反应？"

"哼！不和你聊了，我找同学聊去！"

当孩子热情地和你聊一个话题时，是期望得到你同样热情的回应，有热情的回应，他才愿意继续讲下去。沟通不是一个人唱独角戏，孩子表达时，固然不希望你打断他的话，但他一定希望你能给予一些点头、喝彩等反应，表明你在认真地听。当他说完询问你意见时，你若只是"嗯""哦"之类的反应，就足以打消孩子继续和你沟通的欲望。

倾听不仅仅是用耳朵听，而是调动整个身心去听，是投入情感去听，那么你就会不由自主地跟随孩子的表达做出自然而然的反应。尤其是，当孩子的期待不仅仅是诉说，而是希望和你交流看法时，你就不能以沉默应对。

倾听时要有反应，要有回应，好比孩子从山谷的另一头大声地喊，你要给他回声，他听到回声才知道，这个沟通的游戏你愿意和他玩下去，而不是他一个人在玩。

没有回应的倾听不是倾听，这不仅仅是倾听的技巧、说话的技巧，也是沟通的技巧。但是回应一定是正确的回应、恰如其分的回应、孩子期待中的回应，才会有利于沟通，反之，还会破坏沟通；那什么是恰如其分的回应呢？

＊倾听时，要有肢体和语言上的回应

虽然我们强调听孩子说完再表达，但并不是说在孩子表达时你要做个哑巴或者无动于衷，如果你在倾听时没有任何语言和肢体上的回应，那么孩子也会失去表达的欲望。想一想，谁会愿意对着一个木偶说话？

我们说过，在孩子说话时，你可以看着孩子的眼睛，抱着孩子的身体听他说话，这是肢体上的反应。除此之外，你还要有一些简短的语言上的回应，比如时不时地"嗯""哦"，伴随着这样的语言轻轻地点点头，表示你正在认真地听孩子说。也可以偶尔视情况插入"原来是这样？""你说得对！"这样的语言，表示对孩子表达的内容的理解或赞同，也可以有其他的一些肢体或语言上的回应，但是这时候的回应都必须是简短的，而不能是"你说得对，我觉得……"，然后开始滔滔不绝发表自己的见解，这就不是恰如其分的回应了，这等于是打断了孩子的表达，使孩子对和你之间的沟通产生反感的情绪。

＊ 倾听后，要给孩子期望中的回应

很多父母会觉得，我会给孩子回应，但他期望中的回应是什么样，我也把握不好，这就要看你对孩子或沟通是否有一定的了解。

孩子在表达时一般有两个目的，第一个目的是倾诉或分享，孩子心中可能有一些负面的情绪需要排解，或者说有一件事情他心里早有主意只是单纯地想要和你分享并得到你的认同，那么这个时候，你只需要静静地听完，并在倾听的过程中给一些肢体或语言上的反应，并在最后表示："妈妈理解你的心情，你受委屈了。"或者："你说得对，我赞同你这么做！"那么就达到了沟通的目的。有一部分孩子只是喜欢诉说，但并不喜欢别人教他怎么做，更不喜欢别人批评他，那么，满足他倾诉的愿望，做个聆听者就是最好的沟通方式。

第二个目的则是，希望和你交流看法并在最后得到你的指点甚至是非常明确的建议，那么你就不能只是聆听，必须和孩子就这个问题交换看法，最后给他指出一条路来。例如案例中孩子和你聊电影，他并不仅仅是来给你讲一部他看过的电影而已，而是来和你交流更多的关于电影的感受和体会，你就不能只是第一种反应，而是应该就这个话题和儿子聊下去，这才是他期望的反应。这时，如果只是用第一种回应，就会让孩子感觉到：你在敷衍我，不是很想和我交流，这就会让孩子失望。

有不少人有这样的同感，在聊天中最讨厌听到的字眼就是"嗯""哦"和"呵呵"，并不是说不可以有这样的回应，而是说不能除了这些就没有其他更丰富的回应，因为这种过于简单的回应似乎是在告诉对方：我对你说的话没兴趣！这等于是封闭了父母与孩子之间的沟通渠道。

当孩子只是想要诉说时，你的看法或建议就变成了指手画脚。但当孩子希望得到你的安慰和建议时，你若没有更多的想法回馈给孩子，显然孩子也是不满意的。这其中的尺度需要父母去判断和拿捏。

✳ 倾听时的提问是最好的回应

在倾听时，一味地"嗯"和"呵呵"会封闭父母与孩子之间的沟通渠道，那什么能够打开父母与孩子之间的沟通渠道呢？是提问。在孩子表达时，我们不能随便打断孩子的话，但我们可以在适当的时机插入适当的提问。提问是最好的回应。比如孩子讲完电影故事梗概之后爸爸可以立即问道："这部电影为什么叫《疯狂原始人》呢？'疯狂'二字体现在哪里呢？"这个问题就又打开了孩子的话匣子，让电影这个话题得以延伸。在孩子回答完这个问题时，你可以再抛一个问题："这部电影和我们以前看过的同类电影有什么不同呢？它好看在哪里呢？"一个个相关问题使你和孩子之间的沟通能够一直持续，并越来越深入。通过这样的沟通，你对孩子的喜好、品味、思想都有了一定的了解，那么这样的沟通就是一次有质量的沟通。

只倾听不提问，话题随时都有可能结束，但提问尤其是开放性的提问，会使孩子可以一直说下去。什么是开放性的提问？即你的问题可以使孩子有表达的空间。如果你这样问："这是一部美国电影还是一部法国电影？"那么孩子只需要回答几个字就可以了，就没有太多可以表达的内容。也就是说你的问题应该是可以引发孩子思考的，这样两个人才能交流下去。但问题也不能太宽泛，比如"这部电影体现了什么样的人生观和价值观？"这个问题就太大了，别说是一个孩子了，就是一个大人一时之间也不好作答。所以说，会沟通的人一定是会提问的人。

为什么说倾听时提问特别重要，因为提问意味着你对孩子说的话题感兴趣，那么孩子自然也会有兴趣回答你的问题，这是沟通中对彼此的认同和尊重。

在父母与孩子的沟通中，倾听是如此重要，因为倾听是接收信息，接收到才知道要回应什么；回应也是如此重要，因为回应是输送信息，有回应孩子才知道他的表达是有意义的。所以，有回应的倾听才是沟通，沟通就是你来我往的互动的过程。

正确倾听方法4：
当孩子出现表达障碍时，学会引导

在沟通中，表达是如此重要，但对于心理不成熟、词汇不丰富和还不太善于表达的孩子来说，常常做不到流畅表达，这就影响了父母和孩子之间的沟通。当孩子出现表达障碍的时候，作为倾听者的父母，该如何帮孩子说下去？

女儿从学校回来，脸色有些不悦。妈妈已经接到老师打来的电话，知道女儿今天在学校和同学发生了一些摩擦，而且出现了肢体上的冲撞，前因后果她已经知道大概，她很想听听女儿怎么说。但她不准备主动问女儿，因为主动问就有兴师问罪的意思，那会给女儿带来压力，以她对女儿的了解，女儿应该会主动和她沟通这件事。

果然，吃完晚饭后，女儿终于开口了："妈妈，我今天不开心。"

"因为什么事情不开心啊？"听到女儿说自己不开心，妈妈连忙把女儿抱在怀里。

"因为……"

女儿看了看妈妈，犹豫了，看来，让她说出来还需要给她一些勇气。

于是妈妈说道："有什么事情大胆说吧，别忘了妈妈告诉过你，妈妈是你最好的朋友，好朋友之间有什么不可以说的？"

听到妈妈这句话，女儿的眼睛亮了一下，说道："妈妈，今天我和同学吵架了，被老师批评了。"

"为什么要和同学吵架啊？"

"因为他骂我。"

"都骂你什么了？"

"骂我笨，骂我傻，他嘲笑我。"

"哦，既然是他骂你，为什么老师要批评你啊？"妈妈知道，事情当然没有女儿说得这么简单。

"因为，因为……"女儿又不说话了。

"是不是因为你也做了不好的事情啊？"

"嗯……"女儿犹豫了半天，还是没有说出来。

看来，让女儿承认自己的错误也不是一件容易的事。于是妈妈说道："说吧，不管你做了什么，妈妈都不会怪你的。"

"真的？"女儿的眼睛再次亮了亮。

"当然！只要你能认识到什么是错，什么是对，妈妈就不会怪你。"

"嗯……就是……他骂我，我很生气，就推了他一下，他没站稳，就倒在地上了。"

"哦，因为这样，所以老师就批评你了对不对？"

"嗯。"女儿低下了头。

"那你觉得老师批评你，对吗？"

女儿不吭声了，但脸上的表情分明有些委屈。她想了一会儿才说："老师批评我，对，但也不对。"

"哪里对？哪里不对？"

"嗯……"女儿想了半天，也没有说出来。

"你是不是想说，虽然你有错，可是是他先骂你的，是他先不对，你虽然做得不对，也是因为别人先不对，所以你觉得被老师批评有点委屈，对吗？"

"对，就是这个意思。"女儿猛地点了点头。

"但是，女儿，因为别人做了不对的事情，我们就可以做更不对的事情吗？不是的。用错误惩罚别人的错误，是最笨的方法。他骂你，你可以让他向你道歉，如果他不道歉，你可以告诉老师，这些都是正确的处理方法，但把他推倒却不是正确的处理方法。"

女儿沉默了……

在这个沟通中，虽然是女儿在讲述，妈妈在倾听，但是妈妈并不是被动的倾听。当女儿不敢表达的时候，当女儿不知该如何表达的时候，妈妈进行了及时的引导，引导女儿说下去，是妈妈的正确引导，让母女俩的沟通得以在一个宽松的氛围里顺畅进行。

在沟通中，并不是每一个人都是沟通高手，尤其对于孩子来说，不懂表达和沟通是非常正常的一件事。甚至很多时候，他们不敢说出心里话，因为怕不被父母理解，怕受到父母的责骂，所以在沟通中，孩子会出现很多心理上或语言上的表达障碍。

在生活中，有许多这样的时刻，父母着急地望着孩子："说话呀，干吗不吭声？"

还有这样的时刻，父母纳闷地望着孩子："你想说什么？你在说什么？可不可以说清楚一点！"

往往这个时候，孩子更加不知所措，不知该如何表达。

所以，当孩子出现表达障碍时，父母不能只是着急地责怪孩子，而是要引导孩子去表达。该如何引导呢？

✻ 要有耐心

当孩子出现表达障碍时，父母最忌讳的是流露出不耐烦的态度训斥孩子："怎么回事？这么大了连句话都不会说！"孩子看你这么不耐烦的态度，更不愿意说了。因此，和孩子沟通，最重要的是要有耐心，耐心、良好的态度，对孩子就是一种鼓励。一个好的倾听者，一定不单单只是听而已，而是你的存在能让对方更愿意去表达，更愿意和你沟通，这就和你的态度、你的气场密切相关。不管孩子在表达中遇到什么问题，你都能用最大的耐心等待孩子去说，帮助孩子去说，这才是一个好的倾听者，一个懂得沟通的人。

✱ 鼓励孩子大胆表达

孩子在表达中遇到的第一个表达障碍就是不敢说，可能由于孩子做错了事情怕父母责骂，也可能是由于孩子本身性格的羞怯，这个时候，父母最需要的就是给孩子鼓励，让他卸下心理包袱，大胆地说出自己的心里话。就像案例中的妈妈那样："妈妈不是你最好的朋友吗？有什么不可以和妈妈说的？""说吧，不管你做了什么事情，妈妈都不会怪你的。"这就是帮孩子克服内心的羞怯和去除他内心对表达后果的担忧，让孩子无所顾忌地说出自己的心里话。这一点是从心理层面上来帮助孩子消除表达障碍。

✱ 帮助孩子表达

某些时候，孩子不是不敢表达，而是不知道该如何表达，或者说虽然表达出来了，但词不达意，孩子也觉得没说清楚自己的意思，妈妈更是没听明白。也有这样的时候，孩子虽然没说明白，但其实父母已经知道他要说什么了，这个时候，有的父母可能会训斥孩子："别说了，别说了，我都知道什么意思了，你自己还没说明白，真够笨的。"这样的父母其实也不聪明，聪明的父母这时会引导孩子去表达，而不是打击孩子的自尊。这个时候该如何引导孩子呢？就是要帮孩子表达。你可以根据前面倾听的内容，去猜测孩子要表达的意思，然后尝试帮他说出来，如果你说错了，孩子会去纠正："不对，不对，我的意思是……"那么，在孩子的纠正下和你的补充下，就弄清楚了孩子要表达的意思。这样，既达到了沟通的目的，孩子也从你的身上学会了如何去表达。

在倾听孩子说话时，父母的角色不仅是好好听，更是配合孩子好好说，让孩子顺畅地表达，这样沟通才能顺畅地进行。

倾听看起来似乎很容易，但是做一个好的倾听者却并不容易，它需要耐心、专心、走心、贴心。如果你是这样一个懂得倾听的父母，必然也就掌握了一部分沟通的精髓，那么你和孩子之间的沟通桥梁就有了一个很好的基础。

倾听的三个层次:

沟通有三个层次,其实倾听也有三个层次,倾听从表面看起来是一个非常简单的行为,就是坐在那里静静地倾听,好像是一个很被动的过程,但其实是一个复杂的过程。不同的人在倾听之后会有不一样的反应,就在于他们处于不同的倾听层次上,这会影响到沟通的效果。

第一个层次: 注意力不在听,而在说。比如孩子在表达时,父母表面在听,但其实总有点心不在焉,可能在想别的事情,也可能在做别的事情,总之注意力不集中,有时孩子说完了他们都没多大反应。

还有一种是听是听了,但似乎听不进去,总在寻找插嘴的机会、反驳孩子的机会,他们的注意力也不在听上,不是很关心孩子想表达什么,而是总想展示自己要表达的内容。

不认真听孩子说、没有耐心听孩子说、不关心孩子真正想表达什么,这是最低层次的倾听。

第二个层次: 认真听了但无法做到善解人意。处于这一倾听层次的父母态度倒是很认真的,他们的身体语言在告诉孩子他们确实认真在听,也了解孩子在说什么,但从他们的反馈来看,他们没有体会到孩子的感受,特别是孩子的言外之意,无法站在孩子的角度去理解他,也就是无法与孩子共情，这和沟通的第二个层次有些相似，即他们了解孩子所说的事情，但对孩子的情绪不敏感。

第三个层次：站在共情的角度去倾听。这一倾听层次的父母在倾听时就带着理解、尊重和接纳去倾听，尝试站在孩子的角度去理解孩子所表达的内容，即便他不认同孩子的言行，也不会随便批评孩子，而是先给予孩子理解和关注，然后再表达自己的意见。

这三个不同层次的倾听，代表着父母不同的倾听能力和沟通能力，第一个层次的倾听会让孩子反感，第二个层次的倾听会让孩子失落，第三个层次的倾听会让孩子感受到安慰，显然，第三个层次的倾听是最好的倾听，是最有益于沟通效果的。

第四章

表达
说孩子想听的，孩子才愿意和你沟通

　　听完孩子想说的，接下来就要说孩子想听的，表达的方法很多种，但无非就是一句话，说出的话孩子要喜欢听、愿意听、不排斥，要做到这一点，就要学会述情：不但会表达事实，还要会表达感受，目的是让孩子知道你的喜怒哀乐，去体会你的感受，这样会更有助于沟通。

好的父母善于表达自己的喜怒哀乐

什么是表达，很多人都会轻松地说："表达，不就是说话嘛，说话谁不会呀。"NO！表达当然不能简单地等同于说话，如果真的这么简单，沟通中就不会出现那么多的问题。会说话不代表会表达，表达究竟要表达什么？不仅仅是要说出你要表达的内容，更是要说出你的感受，你的心情，你的情感。把自己的感受传递给对方，才是真正的表达和沟通。

我有一个朋友，她工作很辛苦，老公又经常出差，家里的事情都落在她一个人身上，偏偏儿子又不太听话，她每次回到家里精疲力尽还要教育儿子，可次次效果甚微，儿子淘气的脾性不但丝毫未改，反而经常和她顶牛。她心里也很委屈，觉得儿子总是给自己制造麻烦，一点都不能体谅她的辛苦。

我告诉她，你别怪儿子不体谅你，你有和儿子诉说过你的感受吗？她说从来没有。我说那你就不能怪儿子不体谅你，孩子毕竟是孩子，他们还活在自己的世界里，很难体会到大人的处境和心情。别说是孩子了，就算是成人，如果没有敞开心扉的沟通，别人也很难体会你的心情。我说你别在孩子面前总是装作一副坚强、喜怒不形于色的样子，累就累，苦就苦，不开心就不开心，你得让儿子知道，儿子才会体贴你。

她果然试着去做，回到家里就躺在床上不动弹，儿子来找她做饭，她赶紧诉苦："儿子，妈妈也好想给你做饭，可妈妈今天好累啊！好像不太舒服，不知道是不是生病了，这样吧，你让妈妈休息一会儿，然后妈妈带你出去吃好不好？"

果然，儿子不但没闹，还很体贴地给她倒了一杯开水。以后，她就不失时机地这样和孩子沟通："儿子，你爸爸经常不在家，妈妈又要上班又要照顾你，一个人真的很辛苦，你要配合妈妈，不要太调皮了，这样妈妈就可以轻松一点。不然妈妈累病了，谁来照顾你呢？"

多次这样的沟通后效果果然有了，她再下班回到家的时候，儿子会说："妈妈，你休息一会儿，等会儿再做饭。"

她感到很惊喜，儿子的性情不像以前那么乖戾了，竟然也可以体贴妈妈了！

在孩子面前表达自己的喜怒哀乐，很多父母都不愿意这么做，因为我们中国的文化传统是，人的情感不能轻易地流露在脸上，更别说经常向别人诉说了。尤其是父母在孩子面前，如果流露出自己的喜怒哀乐甚至是软弱的一面，似乎就有损于父母的尊严或权威；似乎父母在孩子面前，就必须是坚强的，没有表情的，这样的父母更像是一个符号，而不是一个有血有肉的人。所以教育起孩子来也总是一副强硬的姿态，而这种沟通方式就容易被孩子抗拒。

但其实，父母柔软起来哪怕是柔弱起来更有利于和孩子之间的沟通，因为这会让孩子觉得父母和他们一样是有着各种情绪和各种感受的人，而不是高高在上的权威，这更容易让孩子接近。怎么样才能达到这样的状态呢？就是父母要学会表达自己的感受，要学会向孩子传递自己的情感，用一个专业的词语来说就是学会"述情"——表达不仅仅是向孩子输送信息，更是向孩子传递情感。

因为人是情感的动物，缺乏情感的沟通显得冷漠，缺乏情感的沟通不利于你和孩子之间的相互理解，孩子知道了你是怎么想的，才能理解你要说的话和你让他做的事。相对于那些僵硬的、丝毫不带情感色彩的是非对错、条条框框和大道理，有时候，孩子更愿意听听你说说心里话。

所以，好的父母善于表达自己的喜怒哀乐，用一张生动的脸、一句句充满温情的语言走进孩子的心，而不是用一张面无表情的扑克脸把孩子隔离在彼此的心墙之外。沟通是走心的，是带着爱的，而不是干巴巴的语言传递。高情商的父母善于表达自己的感情，也善于体会孩子的情绪，前者叫"述情"，后者叫"共情"，沟通离不开"情"字，充满情感的语言是孩子想听的，而没有情感的说教则是孩子厌烦的。

有时，我们埋怨孩子不理解父母，觉得和孩子无法沟通，那是因为你没有教会孩子如何理解你，他不知道你是怎么想的，你的感受如何，所以也不知道自己该怎么做。孩子并非都是不懂事的，是因为他需要先懂你，才能懂事。而学会表达，学会述情，就是给孩子一个懂你的机会和渠道，就是给孩子画了一条走进你内心的路线图，能够走进彼此内心的父母和孩子自然就容易沟通了。

孩子还学不会察言观色以及主动地去体察父母的情绪，所以就需要父母表达出来，学会述情可以让孩子快速地了解你，知道如何与你相处及沟通。沟通的秘诀不仅仅是你如何与孩子沟通，还必须教会孩子如何与你沟通。

恰当表达方法1：
说事实，更说感受

恰当表达的方法之一就是学会述情，如何述情？就是在述说一件事情时，不仅要说事实，更要说感受。说事实和说感受有什么区别，分别能达到什么样的效果？看看下面这个故事。

孩子最近玩心较大，学习成绩下降不少，你心中非常恼火，屡次教训孩子："你知不知道你最近学习成绩下降很厉害，已经从前几名下降到二十多名了。能不能上点心，从今天起，不许玩游戏，不许看电视，好好学习！"

可是，劝说无效，孩子依然偷偷摸摸玩游戏，看电视，心似乎还是不在学习上。

但如果你改用这种方式劝说，效果也许不一样："妈妈也知道游戏好玩，电视好看，如果妈妈不用工作，妈妈也想无休止地玩，无休止地看，可是不行啊，妈妈得工作，你也得学习。我们每个人都有自己的责任，现在看着你的学习成绩越来越差，妈妈的心情很焦虑，很难过，就像如果妈妈的工作出现了问题，你也一定会替妈妈焦虑吧。"

这是两种完全不同的表达方式，第一种只说事实，第二种不但说事实，更说感受。有什么区别？第一种表达方式给人的感觉是指责，第二种没有指责，只是在表达自己的感受，就是在述情。

其实对于孩子来说，你说的事实他当然知道，他心里早有压力，你再重复一遍只是在加重他的心理负担，而且用强硬的方式命令孩子必须做出改变，又会让孩子产生逆反心理。孩子肯定也想去改变，只是那需要时间，用强硬的方式命令孩子马上改变，他当然无法做到，而且他还会觉得父母不体谅他的心情，这就会造成父母和孩子之间的相互不理解。

但述情却不会这样，述情放弃直接指责孩子，而是让孩子感受到父母的心情很焦虑、很难过，孩子也是情感动物，孩子和父母之间有深刻的感情，当他看到父母因自己而难过、焦虑的时候，内心一定会有所触动。让一个人行为上做出改变，一定要让他心理上有改变的能量，述情就是让孩子在心理上先接受你想让他做的事情。

事实虽然是正确的，但却是冷冰冰的，除了让孩子知道他错了之外，没有更明显的效果。但述情是暂时放下对错和讲道理，让孩子关注你的感受，用温情去打动他。一个冷，一个热，效果当然不一样。这和情绪管理之"放下对错，关注孩子的感受"有异曲同工之处，情绪管理是关注孩子的感受，而这里是让孩子去关注你的感受，都是"不讲理"，而是"讲情"，但效果都是让孩子的内心感到舒服，孩子的内心舒服了，才会愿意接受你的建议。

所以说，说事实更说感受才是正确的表达方式，但是这样的表达方式也有一些问题需要注意：

＊ 要准确描述自己的感受

有些父母不会表达自己的感受，因为从小他们就没有受过这方面的教育，他们的父母也没有向他们表达过自己的感受。那么，该如何表达自己的感受呢？首先你要静静地体会自己的感受，是兴奋还是自豪，是失落还是焦虑，要觉察到自己的情绪，然后用一个合适的词语把他表达出来，这个词语要具体并准确，不能所有的感受都用"很高兴""不开心"这样的词语，那么孩子就不能很好地体会你的心情。因为感情是细腻的东西，你表达得越具体、越准确，孩子才能接收得越准确，他才能做相应的改变，这才能达到沟通的目的。

＊ 先做情绪管理，再说感受

父母向孩子述情容易导致这样一个后果，就是自己的负面情绪全部倾泻到孩子身上，今天说"你这样我感到很生气"，明天说"你这样我感到愤怒"，后天说"你这样说我感到很难过"，那么就给孩子这样的感受：爸爸（妈妈）的负面情绪怎么这么多？或者我是个不好的孩子，总让父母感到不开心。这样不仅对沟通无益，反倒会起到反作用。所以我们必须明确一个概念：述情不等于发泄情绪，表达感受不等于发脾气，不能一有情绪就向孩子表达，也不是所有的情绪都向孩子表达，而是在表达情绪前先做情绪管理，管理不了的情绪或者说这个情绪表达出来有益于孩子的改变或成长，这样的情绪才需要表达，表达的目的是为了沟通，而不是为了发泄。所以，在述情之前，先做情绪管理，再说感受。

＊ 述情后，孩子的改变需要时间

述情有益于沟通，但述情的效用需要时间，不是述情之后孩子立刻就有改变，孩子需要消化的时间，从心理上接受到行为上的改变需要一段时间，甚至是很长一段时间。只是说述情比起指责、训斥等方式更有利于沟通和亲子关系的和谐，所以父母要养成述情的习惯，这是更合适的沟通方式，抛弃抱怨、指责和训斥等让孩子不舒服的沟通方式，但述情之后要有心理准备去等待孩子慢慢发生变化。

从情绪管理，到倾听，再到表达，都离不开一个"情"字，说明在沟通中，讲情非常重要。既要照顾到孩子的感情和情绪，又要把自己的情感表达给孩子，所以沟通是一个从情到情的过程，这样，才能实现心与心的沟通。一个"情"字搭建起了有效沟通的亲子桥梁。

恰当表达方法 2：
保持客观，不夸大和歪曲孩子的行为

在表达时，说感受特别重要，这是不是说，说事实不再重要？
不！说事实依然重要。但是，有些父母不会说事实，你说出来的
事实让孩子感到不舒服，因为你说的不是事实。

孩子放学回家晚了，你立刻说道："怎么回事？为什么天天
回家这么晚？"

孩子立刻反驳道："哪有天天？不就昨天和今天回家稍微晚
了一些吗？"

"哎哟，你还犟嘴，反正最近回家有些晚。"

"那也不是天天。"

瞧，一件很小的事情引起了争执，沟通出现了问题。问题出
在哪里？父母在说事实的时候不够客观，夸大了孩子的行为，所

以孩子不接受。孩子只是偶尔有几天回家稍微晚了一些，在你嘴里变成了"天天"，这等于是加重了孩子的"罪责"，孩子当然是不接受的。这不但不能使孩子改变他"晚回家"这个行为，反倒可能使他这个行为愈演愈烈，以后他索性天天都回家很晚："你不是说我天天回家都晚吗？那我就做给你看。"对于叛逆心比较强烈的孩子来说，有可能会这样做。

所以，当你夸大孩子的行为时，沟通就达不到你想要的效果。那么，歪曲孩子的行为呢？

你从房间出来，刚好发现孩子坐回桌子前，你立刻开始说道："走来走去干吗？一会儿都坐不住，什么时候能做完作业！"

"我哪里走来走去了，我只不过去了一趟厕所。"孩子委屈地说道。

"去厕所？那10分钟之前呢？10分钟之前也是去厕所了？"

"那是去倒水了？"

"倒水？分明是没心思做作业，一会儿干干这个，一会儿干干那个。"

"你看到了吗？你又没看到，凭什么说我一会儿干干这个，一会儿干干那个？！"

于是，一场争执又开始了。

这个争执又是什么引起的？是歪曲孩子的行为。父母并没有看到孩子去干吗了，却主观想象孩子"走来走去""一会儿干干这，一会儿干干那"，这不是事实，是父母的主观想象，孩子当然不会接受父母的"欲加之罪"，所以必定会反驳，这样，父母和孩子就这个问题就会无法沟通。

什么是事实？事实是客观存在的，是亲眼所见并经过验证的，是可以具体衡量的事物。说事实，孩子通常能够接受，因为那是他做过的事情，但夸大和歪曲孩子的行为，孩子通常会反驳，谁会承认自己没有做过的事情？

父母在沟通中为什么会夸大和歪曲孩子的行为？夸大是因为父母觉得这样说话有力度，你"总是"这样，你"从来"都是这样，似乎用这种绝对化的词语就更容易说服孩子，但其实恰恰相反，最有力度的是事实，说事实，除非孩子存心狡辩，否则他不会反驳。而歪曲孩子的行为是父母对孩子的不信任，不相信孩子所说的，而相信自己主观想象的。不去调查事实，而凭着主观想象去猜度孩子的行为，这当然会误解孩子。"没有调查就没有发言权"，其实说的就是这个道理。

那么，我们在沟通中如何表达更容易符合客观，能够避免夸大和歪曲孩子的行为呢？

❋ 说事实时，要用可具体衡量的词语

怎么样避免夸大孩子的行为？即避免绝对化的词语，比如"从来、一直、总是、老是、天天"等词语，也要避免"经常、很久"

这样的模糊词语，而改用具体可衡量的词语，比如"你已经一个星期没有晨跑了"。在说这句话之前，你一定是经过了思考和确认才能说得这么具体，那么大多是符合事实的。但如果你这样表达："你已经很久都没有晨跑了。"那么多数会引起孩子的反驳："哪有很久，不过一个星期而已。"而如果孩子很少晨跑，你只能这样表达："他很少晨跑。"但不能说："他从来就没有晨跑过。"

表达时要尽量使用准确的词语，这样不容易引起分歧。准确表达，是表达的基本功，这样更有利于对方接受你的信息，比如述情时，我们也要用准确的词语描述自己的感受。

✳ 在表达前，先思考一下"我想说的是事实还是假设"

一个行为有多种解释，哪一种才是事实？比如孩子从外面回来，衣服又脏又破。猜测1：孩子和别人打架了。猜测2：孩子摔了一跤。猜测3：衣服被什么东西挂烂了。哪一个是事实？都可能是。如果你不经思考，不经求证，脱口而出："你和谁打架了？"就有可能冤枉孩子，那么孩子一定会反驳："谁说我和别人打架了？"如果事实是孩子摔了一跤，那么孩子正需要你的关心，而你却因猜测他和别人打架而斥责他，孩子心里一定又生气又委屈。

我们常说"三思而后行"，其实说话之前也要思考一下，问一问自己："我即将要说的话是事实吗？"问一问自己，停顿一下，就不会脱口而出不符合事实的话。当你无法确认事实到底是什么的时候，要么不说，要么问一问孩子："你这是怎么了？衣服为什么又脏又破？"而不是随便说出不符合事实的话。

在情绪管理一章中，我们说过"未了解真相前不主观臆测"，是因为胡乱猜测容易起情绪，而这里，猜测又容易歪曲孩子的行为，如果既带着情绪同时又歪曲了孩子的行为，这样的沟通会愉快吗？

客观是一种公正，每一个人都想受到公正的待遇，这是沟通的基础，不管孩子做的是对还是错，首先要做到客观评价，孩子才有可能接受，沟通才有可能进行。

恰当表达方法 3:
放弃指责，只说事实加感受

准确表达感受很重要，准确表达事实也很重要。在表达中，我们不会只说事实，也不会

只说感受，常常是事实加感受一起说，这样能达到更好的沟通效果。但纵然是这样，也会常常把沟通搞砸。为什么？依然是表达的方式不对。为了对比明显，我们使用已经用过的案例。

孩子学习成绩下降了，你觉得问题很严重，想和孩子沟通一下："你知不知道你最近学习成绩下降很厉害，已经从前几名下降到二十多名了，总是想着看电视、玩游戏，谁不想看电视、玩游戏，但是可能吗？我有工作，你有学习，我们都有自己要做的事情。看着你的学习成绩越来越差，我的心情好焦虑，你有想过父母的心情吗？"

在这段表达中，既有事实，也有感受，父母也没有夸大和歪曲孩子的行为，但这段表达听起来舒服吗？并不舒服。我们说过，只说事实容易让孩子感受到被指责，但这段话有事实也有感受，依然让人有强烈的被指责的感觉。为什么？因为这段表达是带着指责的心态和语气在说话。比如"你知不知道……"这是质问。"谁不想……但是可能吗？"这是反问。"你有体会过父母的心情吗？"强烈的反问。这一连串的质问和反问足以让孩子感受到：我在被父母强烈地谴责。这当然会让孩子感到不舒服。

可能父母会觉得，孩子做错了事情，我谴责他也是应该的。这就又牵涉到沟通中的另一个非常重要的要素——共情。共情简单地说就是要体会到孩子的心情。谁也不想被谴责，即便是自己做错了事情。因为事实本身就是对孩子的谴责，比如孩子的学习成绩下降了，这不就是对孩子看电视、玩游戏的惩罚吗？他已经被事实谴责过了，如果你再用强烈的语气来指责他，就是对他的双重谴责，那么孩子在情感上是很难接受的。这个时候即便你表达了自己的感受，孩子也很难体恤你的心情。因为他要忙着抵抗你的谴责，要忙着照顾自己的情绪，他自己还处于难过的状态中，哪里有心理能量照顾你的感受。特别是那句"你有想过父母的心情吗？"他当然有想过，但不代表他能做到。所以这样的指责除了让孩子感受到难过以外，没有其他更好的效果。

我们和孩子沟通的目的是让孩子愉快地接受我们的建议并改变他的行为，不是为了打击他、谴责他、让他难过，不能把沟通变成一场战争。所以，即便你说的是事实，即便你表达了自己的感受，也依然不是好的沟通方式。那么，正确的表达是什么样的呢？

"最近你学习成绩下降很厉害，已经从前几名下降到二十多名了，妈妈觉得，这主要是你最近看电视、玩游戏比较多造成的。看着你的学习成绩越来越差，我的心情很焦虑，很难过。如果妈妈的工作出现了问题，你也一定会替妈妈难过吧？"

在这个表达中，有事实：最近你学习成绩下降很厉害，已经从前几名下降到二十多名了，这主要是你最近看电视、玩游戏比较多造成的。有感受：看着你的学习成绩越来越差，我的心情很焦虑，很难过。最后还用角色置换的方式让孩子与自己共情：如果妈妈的工作出现了问题，你也一定会替妈妈难过吧？

这样的表达方式听起来是不是就舒服了很多？因为第一，符合事实；第二，没有指责。那么孩子就无从反驳，也不会去反驳，因为父母说的都是对的，又没有批评他，他自然也就比较容易听得进去。

那么，这种表达效果是怎么做到的？仔细对比，我们就会发现其中的不同。

✳ 放下愤怒的心态，尽量心平气和

第一种表达方式，父母的心态是愤怒的，语气是带着强烈的不满的，那么说出来的话自然是带着强烈的情绪的。当你带着强烈的情绪和孩子说话的时候，孩子先要做的是处理你带给他的情绪，而不会先去考虑你表达的内容。在表达中，有一个观点特别重要——说话的态度比说话的内容更重要。意思是说当对方无法接受你说话的态度时，也就不会接受你说话的内容，至少不会心平气和地接受，也不会立刻接受。这就在很大程度上影响了沟通的效果。

那么第二种表达方式有什么不同呢？父母的心态是平静的，语气是平和的，说出来的话是没有任何负面情绪的，孩子不会有任何被指责、被攻击的感觉，所以他不需要调动心理机制去和你对抗，会把注意力放在你说话的内容上，这个时候，真正的沟通才开始了。

所以，想要让孩子采纳你的建议，你说出的话必须让他愿意听、喜欢听，那么你在开口之前就必须放下指责的心态，也就是我们曾经说过的，要沟通先做情绪管理。把自己的负面情绪管理好了，心平气和地和孩子沟通，即便你对孩子有不满，也要尽量平静地说出你的不满，而不是用指责、批评和攻击的方式。

✳ 放弃反问句，改为陈述句

我们再仔细观察会发现，在第一种表达方式中使用了大量的问句，尤其是反问句，反问句会给人带来什么感觉？就是被责问的感觉，被间接批评的感觉。这样的表达本身就是带着情绪、带着敌意的，就像射向孩子的一颗颗子弹，也会让孩子有被攻击的感觉。

第二种表达呢，没有问句，全部是陈述句，陈述句会给人带来平静的感觉。平静地说出事实，平静地说出自己的感受，那么孩子不会感到被指责、被批评。或许有的父母会担心：我的态度如此平和，孩子会不会不当回事儿？其实这是我们的一个误区，以为说话时用词越强烈、口气越重孩子才会重视，但事实往往相反，语气强烈虽会对孩子的内心产生冲击，但同时也会让孩子产生反感和排斥，因为你的表达方式对他产生了压力。事后，让他记忆深刻的并非是你说话的内容，而往往是你说话时的态度和样子，这种态度会对孩子的内心带来伤害。

因此，平静的表达方式看似无力，实则会产生"润物细无声"的作用，这样的表达方式能让孩子"听进去"，他记住的是你说话的内容和你的感受，你顾及了他的感受，他也会照顾你的感受，这才是交流。沟通不是居高临下的指责，而是平等的交流。

所以在表达中，多使用陈述句，放弃反问句，可使你在不知不觉间放下指责的心态，心平气和地与孩子沟通。

说事实，是让孩子知道发生了什么；说感受，是让孩子知道发生的事实非常严重，给你的内心带来了冲击。心平气和地说事实加感受，就足以让孩子受到重视。因此，在表达时，放弃指责、抱怨，甚至放弃评价，只说事实加感受就能达到很好的沟通效果。

恰当表达方法4：
孩子令你开心时，要习惯表达

中国的父母不太善于向孩子表达自己的感受，但比起负面感受来，更不善于向孩子表达正面感受。似乎向孩子说出"你让我很高兴、我喜欢这种感觉、妈妈爱你"之类的话总显得有些矫情，所以父母和孩子之间总显得不够亲密。

孩子总是把家里弄得乱七八糟，你每天都要收拾，你很无奈，也很生气，批评过孩子很多次，但是孩子并没有改。有一天你回到家，突然发现今天家里和往日不同，干干净净、整整齐齐，明显是收拾过的，你忍不住问孩子："今天家里怎么这么干净，是谁收拾的？"

"是我收拾的，今天是母亲节，老师说要帮妈妈做一件事。"孩子答道。

"哦。"你淡淡地回应了一声，虽然你心里很高兴，对孩子今天的表现很满意，但是你觉得这只是老师布置给孩子的任务，并不是孩子主动要做的，似乎也并不值得特别表扬。

不久，爸爸回来了，一进门就立刻惊呼道："哇！今天家里好整齐，儿子，今天你那些玩具怎么那么听话，都一起跑到玩具箱里去了？"

儿子立刻跳到了爸爸身边："爸爸，这都是我收拾的，今天是母亲节，老师说每位同学都要帮妈妈做一件事，我就帮妈妈收拾了房间。"

"哇！儿子你太棒了！爸爸太高兴了，你今天的表现可以打100分，我喜欢家里整整齐齐的样子，这种感觉太棒了！"

"真的吗？爸爸，那我明天还收拾。"

"好，爸爸希望明天还能看到家里干干净净的样子哦。"

果然，以后儿子开始学着收拾房间，虽然他还做不到时时整理，但是比以前已经好了太多了。

表扬、鼓励、开心等正面感受会带给孩子正向的力量，这和指责、抱怨等负面感受带给孩子的感觉完全相反。同样是想让孩子去做一件事，你用批评的方式，孩子就没有改变的动力，但如果用正面表达的方式，孩子就会愿意去做这件事。

这其实就是不同的表达方式带给人的不同感受，正面的表达方式带给孩子的是快乐，所以孩子愿意听，这样的沟通方式可能

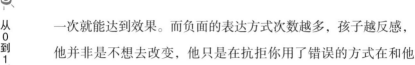

一次就能达到效果。而负面的表达方式次数越多，孩子越反感，他并非是不想去改变，他只是在抗拒你用了错误的方式在和他沟通。

人的心和人的理智是两回事，即便一个人在理智上觉得你说的是对的，但如果他的心抗拒你，他就不会照你说的去做。所以，换一种表达方式，就立刻能得到你想要的结果。

父母要习惯于在孩子做了令人开心的事情时，及时地表达正面感受。哪怕你不直接表扬孩子，你只是说"你这样做我感到很高兴"也许就有好的效果，因为让别人快乐也能带给自己成就感和快乐，那么能同时令他人和自己快乐的事情为什么不愿意去做呢？

所以，当孩子做了令你快乐的事情时，要不失时机地表达出来，你表达的次数越多，孩子的正向行为也就越多，你对孩子的满意度就越大，而孩子和你的快乐和幸福也就越多。

不要总是用批评塑造你在孩子面前的威严，而要学会用快乐的姿态拉近你和孩子之间的距离，用开心、阳光的沟通方式去和孩子亲昵。父母和孩子之间有了更加轻松的相处方式，自然就容易沟通了。

那么，对于不善于这样表达的父母来说，该如何增强这方面的能力呢？

✱ 批评是错爱，表扬是真爱

在一些父母的认知里，批评是爱孩子的一种方式，看见孩子的错误马上指出来，是为了让孩子进步，这种认知看似正确，实则经不起推敲。从本质上来说，爱一个人是为了让他快乐，但批评、指责、抱怨等方式不会让孩子快乐，只会让孩子痛苦，父母喜欢用这种方式，一方面发泄了自己不快的情绪，另一方面是希望用这种方式快速地让孩子听从自己，所以在潜意识里父母是为了满足自己。从结果来说，批评、指责会引起孩子的抗拒，其效果微乎其微。所以，批评、指责是错误的爱孩子的方式，甚至是一种假爱。用这种方式和孩子沟通效果自然不会好。

但表扬、鼓励、开心等感受则和批评完全相反，它是看见孩子的进步马上指出来，其目的是为了孩子以后更加进步。父母在表达这种感受时自己是开心的，孩子听见后也是开心的，那么孩子也乐于把这种开心延续下去。所以从心理层面和结果来说都是正面的，那么这种沟通方式才是正确的，这种爱才是真爱。

改变了这一认知后，父母就不要再执着于总是在孩子犯错时批评他，而要改为在他表现好时、令你开心时及时表扬他，及时告诉他"你今天的表现让我很开心"。

✱ 多做这样的练习

父母的性格也各有不同，有的父母善于扮演"严父严母"，不善于表达正面的感受，如何改善呢？多做练习。刚开始若说不出口不妨写下来。比如今天晚上孩子作业做得又快又好，你不妨写张小纸条放在孩子的枕头旁边："今天晚上写作业又快又好，妈妈很满意，明天继续哦。"当孩子看到这样的纸条，就会体会到爸爸（妈妈）也有柔软和温暖的一面，这也是一种沟通。写了几次纸条之后，不妨尝试着面对面向孩子表达自己的感受："今天你一边帮妈妈洗菜做饭，一边和妈妈聊天，这种感觉妈妈很喜欢。"那么也许第二天孩子还会帮你洗菜做饭。注意，在表达自己的正面感受时，必须是事实＋感受，而且要及时表达，因为及时表达更能起到心理强化的感觉。

孩子的行为令你开心，你的表达令孩子开心，那么他会愿意继续做这件令你开心的事情，这就达到了沟通的目的——既令彼此愉快，又使孩子的行为朝着你期望的方向发展。

恰当表达方法 5：
告诉孩子你的建议或需求，而不是决定

父母与孩子就一件事情进行沟通时，常常会很自然地说出自己的决定或者解决方案，因为他们觉得告诉孩子怎么做，然后孩子照做，这就是沟通了，实际上这种沟通方式常常遭到孩子的反弹。

孩子放暑假了，他说想过一个有意义的暑假，不想像以前那样总是待在家里写作业、看电视，爸爸说："当然可以，我和你妈妈商量一下，然后告诉你怎么过一个有意义的暑假。"

几天后，爸爸告诉孩子："我帮你报了一个暑期夏令营，这个夏令营既能锻炼身体，又能学到很多知识，还能交到一些新朋友，特别有意义，过几天你就去参加。"

孩子非常惊讶："我没说要去参加夏令营啊？"

"你不是说要过一个有意义的暑假吗？参加这个夏令营多有

意义呀！”

　　"可是，我不想参加夏令营，我刚刚才想好，我想去学跆拳道。"

　　"你这孩子，你不是让我们帮你做决定吗？这个夏令营我已经报名了，必须去！"

　　"我只是让你帮我想想怎么过一个有意义的暑假，并没有让你替我做决定啊，反正我想好了，我要去学跆拳道，对那个夏令营，我没兴趣！"

　　"你……"

　　瞧，这个决定就遭到了孩子的反对，好像孩子有点不通情达理，父母根据他的需要为他选择了一个这么有意思的夏令营，但是他却并不接受。看起来，是孩子不能体会父母的用心，但其实是父母的沟通方法造成了孩子的不接受。因为孩子需要的是你的建议，但你告诉他的却是你的决定。

　　这是父母在与孩子沟通中很容易犯的一个错误，总是自作主张地说出自己的决定或解决方案，而忽视了孩子的真正需要，这样就很容易遭到孩子的拒绝。因为你的决定是建立在你对孩子需求的理解上，但这种理解可能是有误差的，甚至有时是为了满足父母的潜意识需求。

　　那么，当父母有了需求时，又该如何与孩子沟通呢？

妈妈正在房间休息，儿子在客厅看电视，电视的声音很大，吵得妈妈睡不着，妈妈从床上起来，来到客厅，对儿子说道："声音小一点！"

儿子说道："声音不大啊。"

"还不大？都快吵死了。"

"这声音已经很小了，再小听不见了。"儿子不情愿地说。

看到儿子不听自己的话，妈妈径直来到电视机前，"啪！"关掉了电视。

"喂！为什么关电视？"儿子发飙了。

在这个沟通中，妈妈错了吗？好像没错。自己想睡觉，让儿子把电视声音关小一点，这是情理之中的事，可是儿子并没有答应，是儿子不通情理吗？也不完全是。因为儿子觉得电视的声音并不大，所以他不情愿再关小一点。一件很小的事情，一次很简单的沟通都没能顺畅进行，为什么？因为妈妈的表达方式有问题。妈妈一直在向孩子强调，电视声音太大，你必须关小一点，但她始终没有告诉孩子为什么要把电视声音关小一点，也就是说她没有告诉孩子自己的需求，而只是告诉了孩子自己的解决方案。

这就造成了一个很大的问题：孩子对父母的不理解。不说出自己的需求，只说自己的解决方案，就会造成孩子不明白自己的意图，可能还会认为妈妈是在无理取闹：明明声音并不大，为什么一定要让我再关小一点。而且妈妈最后把电视关掉的举动更会让孩子认为妈妈很强势、很霸道，所以儿子也发飙了。

在第一个案例中，父母是替孩子做决定。在第二个案例中，父母只告诉孩子自己的解决方案。这两种表达方式其实是同一个目的：让孩子听从你的决定。一旦沟通变成了——你必须听我的，就必然会沟通不下去。因为沟通是什么？沟通是交流，沟通不是你听我的或者我听你的。

让孩子听从自己的决定有命令和强迫的意味，这是一种强硬的沟通方式，孩子会觉得自己的父母强势、霸道、不温柔，这就不利于沟通的进行。

那么，正确的沟通方式应该是什么样的呢？

✽ 给孩子建议，而不是决定

在孩子就一件事情征询你的意见时，即便你有很不错的答案或者说决定，也不要以决定的方式告诉孩子，而是要告诉孩子这只是你的建议。"我觉得夏令营很不错，你觉得呢？"或者给孩子一个开放性的建议："什么样的暑假更有意义？还是看你自己的想法，毕竟我们眼里的有意义和你眼里的有意义不同。我觉得，夏令营、跆拳道、武术都不错，你觉得呢？"只说自己的建议，然后让孩子来做这个决定。尤其是在没有和孩子商量之前，更是不能擅自做决定。纵然你是他的父母，擅自替孩子做主仍然让他有一种不被重视和尊重的感觉。把自己的想法告诉孩子，由孩子因他的需求而决定是否接受你的建议，这是令孩子更舒服的沟通方式。

＊告诉孩子自己的需求，而不是解决方案

当父母有了某种需求，需要孩子配合你的决定才能满足你的需求时，你要告诉孩子的首先是你的需求，而不单单是你的解决方案。比如："我累了，想休息一会儿，但电视声音吵得我睡不着。"那么孩子可能会怎么做？第一，他会把电视声音关小一点；第二，他会直接把电视关掉。这是不是比你直接命令他"把声音关小一点"效果好很多？而且第二种解决方案比你的解决方案更好。

如果父母只说解决方案，孩子就有一种我必须同意的感觉，一旦孩子不同意，父母就觉得孩子不听话、不理解自己，但这个不理解是父母自己造成的，因为孩子不知道你为什么要他这么做。但当孩子知道你的需求后，他会和你一起商量解决方案，甚至他的方案比你的还要好。

只会说解决方案的父母是强势的，会说需求的父母是温柔的；只说解决方案的父母是强迫孩子来满足自己的需求，而说出需求的父母是和孩子商量，给孩子主动来满足自己需求的机会。什么样的沟通效果更好呢？显而易见。

在沟通中，强硬的、冰冷的、过于简单直接的表达方式总是会遭到孩子的反抗，而柔和的、温情的、细腻的表达方式往往容易让孩子接受。这是因为，在沟通中"述情"很重要，让孩子知道你的感受、你的需求很重要。

恰当表达方法 6：
与孩子沟通中的魔力句型

如果这众多的表达方法和技巧你一时之间无法掌握，也没有关系，我们可以掌握一些较为简单的句型，在表达时，用这些句型来述情，就可以起到有利于沟通、不伤害彼此关系的作用。这些句型使用起来简单，但一旦你学会了使用它来述情，就能看到魔力一般的效果。

＊句型一：我希望……说出对孩子的期望，而不是担忧

当孩子某方面的表现不尽如人意时，我们会有些担忧，有的父母这样表达自己的感受：

"你现在的学习成绩我真是担心，你恐怕考不了一个好的中学了。"

这样的表达看起来没有什么问题，也是在述情，但落脚点是什么？是"你恐怕考不了一个好的中学了"。我们的本意是让孩子努力学习，避免坏结果，但你的表达却把孩子的注意力引向了坏结果，这样的表达方式会带给孩子压力。压力对于承受力强的孩子来说会成为他的动力，但对承受力差的孩子来说会变成阻力，但孩子们的承受力普遍不强，这样的表达就会成为他们的心理负担。

沟通的目的之一是促使孩子的行动往你所期望的方向发展，但你却向孩子呈现了一个你和他都不希望看到的结果。从心理学上来说，我们所说的每一句话都有心理暗示的作用，所以这样的表达给孩子带来的是负面的心理暗示，并不是孩子的内心真正喜欢听的，是不利于沟通的效果的。

那么，正确的表达应该是什么样的呢？

"你现在的学习成绩不太好，我很担心，妈妈希望你努力学习，将来考上一个好的中学。"

这样的表达带给孩子的感受就完全不同，它给孩子描绘了一个美好的前景，指明了孩子努力的方向，孩子的注意力是在如何实现这个美好的图景上面，这给孩子带来的是正面的心理暗示。父母在与孩子沟通时，要尽量说正面的语言，少说负面的语言，是因为正面的语言是温暖的、鼓舞人心的，是更受孩子欢迎的。

担忧虽然不是直接的指责，但也隐含有指责之意，孩子听起来仍然是不舒服的。所以，与其用担忧来表达对孩子现状的焦虑，不如用期望来表达对孩子的鼓励。

＊句型二：我喜欢……多说自己喜欢的，少说自己不喜欢的

孩子身上会有一些我们不喜欢的地方，我们该如何表达这些不喜欢，有的父母会这样说：

我不喜欢你吊儿郎当的样子。

我不喜欢一个天天睡懒觉的孩子。

我不喜欢你和妈妈犟嘴。

你不讲卫生，妈妈不喜欢。

你画的这幅画，妈妈不喜欢。

如果父母习惯这样说话，整日不是不喜欢孩子这样，就是不喜欢孩子那样，孩子会高兴吗？不喜欢就是否定，谁也不喜欢总是被否定。习惯把"不喜欢"或"不"字挂在嘴边的父母，会让孩子觉得这是个消极的、充满负能量的父母，比如有些父母还喜欢这样说：

我不喜欢这个演员。

你穿的这件衣服我觉得不好看。

你跳舞的姿势不对。

你唱歌的音准不好。

天天听到父母这样表达的孩子一定会抓狂：天哪，这个世界上还有爸爸（妈妈）喜欢的事物吗？所以，喜欢用"不喜欢"来表达的父母也会被孩子不喜欢，会让孩子不自觉地抗拒和你沟通。

那么，如果我们这样表达呢？

我喜欢你认真的样子。

我喜欢早睡早起的孩子。

我喜欢好好和妈妈说话的孩子。

你昨天画的那幅画，妈妈更喜欢。

你穿那件衣服更好看。

你唱歌的音准如果再好些就更好了。

这样表达是不是听起来更舒服？还是同一件事情，从相反的角度来表达，用喜欢来代替不喜欢，感觉就完全不同了，就更容易被对方接受了。

只说自己不喜欢，孩子其实有时候还是不知道怎么做。比如"你穿这件衣服不好看！"那么穿哪件衣服好看呢？孩子还是不知道。所以不如直接告诉他："你穿那件衣服我更喜欢。"直接告诉孩子你喜欢他什么、你喜欢他怎么做，不但让孩子听起来舒服，也是给孩子指明了爱你的方向，是更有效率的沟通。

✳ 句型三：可以……吗？多请求，少命令

我们说过，说话的语气很重要，命令的语气总是会让孩子感到不舒服，比如：

把地上的垃圾捡起来！

孩子可能会马上反问："为什么让我捡？又不是我扔的。"

又比如：

现在马上回家！

他可能会立刻回答："不回！"

因为你的表达让他听起来不舒服，所以他也不愿意配合。如果你这样说呢？

"可以帮我把地上的垃圾捡起来吗？"

孩子可能就会说："好的。"

现在我们可以回家了吗？

"可以呀。"

因为你用的是请求的方式，而不是命令的方式，让孩子感觉到受到了尊重，即捡不捡垃圾和回不回家是他可以选择的，而不是必须听从于父母的，所以他也愿意尊重你。当然，如果孩子说"不捡"或者"不回"，你也不要训斥他，因为你本来就是在征询他的意见，那么他有权利作出任何选择。但是，如果你能经常用请求的方式和孩子说话，那么孩子愿意配合的次数一定比拒绝的次数要多。

所以，当你希望孩子做某事时，尽量用询问的方式，请求的语气，在句子里加上"可以"二字，一定会有更好的效果。

＊句型四：我希望……说"我希望"，而不是"你应该"

"我希望"和"你应该"有什么不同？"我希望"表达的是自己的期望，是在述情；"你应该"表达的是你应该这么做，不这么做就是错的，是在讲理。一个讲情，一个讲理，当然前者让人更舒服。比如：

你应该在 10 点前睡觉！

那么孩子的反应可能是："谁说我就应该在 10 点前睡觉，难道我 10 点后睡觉就不行吗？"

你应该马上洗澡！

那么孩子会说："为什么要马上洗澡，难道晚一点洗澡不可以吗？"

所以，用"你应该"来和孩子沟通，孩子会本能地产生抵触情绪。因为这仿佛是在指责孩子你在 10 点后睡觉是错的，但孩子会觉得为什么你说的就是对的，我做的就是错的，对错的标准为什么要由你来制定呢？即便孩子认为他是错的，也不喜欢受到指责，也因此不愿意去改正。

而用"我希望"来回答就不会有这样的后果。比如：

我希望你在 10 点前睡觉。

我希望你现在洗澡。

这里面没有对错，没有指责，也没有评价，只是告诉孩子我很希望你这么做，你这么做我会感到高兴，这就是在述情。而且孩子也知道父母希望自己做的事情大部分都是为了自己好，那么假如你的表达方式让他感到愉快，他就愿意去做这件事。

说"你应该"是让孩子听从自己，而说"我希望"是让孩子满足你情感上的需求。爱父母的孩子是愿意去满足父母的情感需求的，而不懂得这一点的孩子也可以通过这种方式学习如何爱父母。

总喜欢说"你应该"的父母是喜欢用自己的认知控制孩子的父母，而控制是亲子关系里的障碍，也是沟通里的障碍。

这几个句式都是从述情的角度来表达，这样的表达方式是亲子关系里的润滑剂，是父母和孩子之间减少冲突、走向和谐的必要的手段。经常用述情的方式来表达的父母，孩子会喜欢听你说话，愿意和你沟通，并越来越爱你。

这样的句式还有很多，父母在生活中可以通过实践的经验来总结。只要有利于沟通，有利于你和孩子之间的关系，都可以大胆述情。学会用述情的方式来和孩子沟通，你会发现，这些句型真的有魔力般的作用，让你和孩子之间的沟通顿时变得容易起来。

沟通小知识

述情障碍

你是否有过这样的时刻：心中百般感受却不知道该怎么表达，话在嘴边却说不出来，即便说出来了也是词不达意、无法让人听明白，这就是述情障碍。所谓述情障碍就是一个人感受不到自己的情绪，或感受到自己的情绪却无法准确地表达出来。

一个人若不能准确地表达自己的感受，别人就无法知道他的心情，不知道他开心和生气的原因，也就不知道如何与他沟通和相处。有述情障碍的父母使得孩子无法很好地了解和理解他，而父母也无法运用述情来影响孩子，所以述情障碍也常常成为沟通的障碍。

有述情障碍的人其实很多，因为我们中国人普遍内敛，不太喜欢表达自己的感受，所以我们从小就没有述情这个环境、缺乏述情教育，长大了也不知道该如何述情。许多父母不但不知道该如何向孩子述情，也不知道该如何向伴侣述情，这当然会影响亲子关系和伴侣之间的关系。

导致述情障碍的原因主要有两个，第一，心理原因。内敛、害羞、胆怯等性格导致人们无法正常向他人述情，也就是人们常说的"开不了口"。对于父母来说主要是内敛，羞于向孩子表达自己的感受，觉得向孩子分享自己的喜怒哀乐是一件很不自在的一件事，所以常常不愿意向孩子表达自己的感受。第二，表达的原因。有些人倒是愿意向他人表达自己的感受，但是不知道具体用什么样的语言表达，勉强表达出来了却不是自己想说的意思，别人要么是听不明白，要么还有可能发生误会。

所以要克服述情障碍必须从这两方面入手：

第一，要克服自己的心理障碍。要敢说、愿意说、喜欢说，有表达的勇气和欲望，不管说得好不好，先要说出来，无论喜怒哀乐，有机会就向人分享。对孩子也是如此，不要认为孩子听不懂你的喜怒哀乐，即便有时候他听不懂你说的内容，但可以感受到你的情绪。对于述情来说，最重要的是让孩子感受到你的心情，然后能够与你共情，这是增强情感交流的好机会。

第二，要学会准确表达自己的感受。要做到这一点首要先能够觉察自己的情绪或体会自己的感受，有些人的内心是粗线条的，自己对自己的情绪都没有感知力，那么就很难准确地表达出来。其次是要用具体的词汇来表达自己的感受，在细心地体会自己的感受之后，选用具体而又准确的词汇表达出来。比如此刻是高兴、骄傲、感动、满足、欣慰、喜欢、轻松，还是难过、焦虑、担心、失落、愤怒、疲惫等，要用具体而又清晰的词汇表达出来，才能准确地传递自己的意思。不能简单而又模糊地说"挺好的""不舒服"，那么孩子也不知道你具体哪里挺好的，怎么个不舒服，他就不知道如何去应对。而且，如果一个人所有的情绪都用一个模糊词语来表达的话，容易让人反感，比如父母总对孩子说"不舒服"，孩子会觉得我的父母怎么这么麻烦，总是不舒服。

对于不熟悉的人，我们可以简单地说"不舒服"，当做是一种礼貌的拒绝，表示自己不太愿意多说自己的感受，对方可能也不会追问，因为不熟悉的人也不会太在乎你的感受。但对于亲近的孩子来说，必须用精准的语言来表达自己的感受，这是为了让孩子走进你的内心，能够真正地了解你、理解你，方便与你交流和沟通。

每个人多多少少都有一些述情障碍，但只要能够从这两方面多加练习，都可以慢慢克服。扫除掉述情障碍，也是扫除掉沟通中的一个障碍，也是在教孩子如何述情，这一切对于沟通都是有益的。

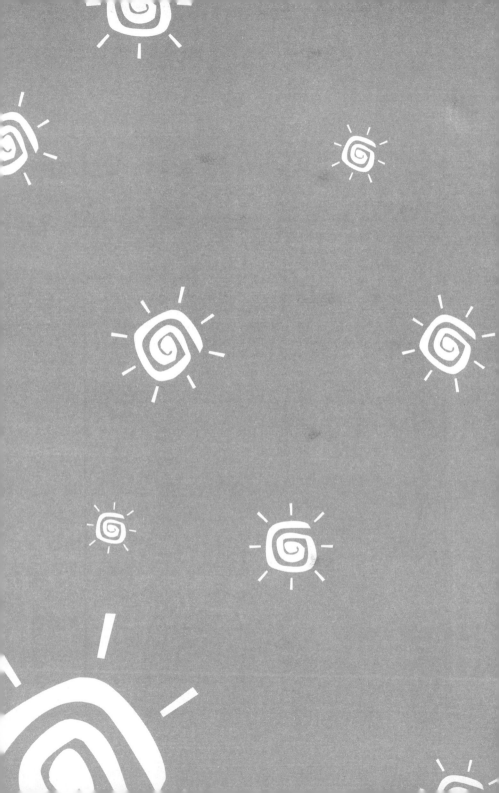

第五章

共情
跟孩子讲理固然重要，但讲情更重要

　　教育孩子，跟孩子讲道理当然是很重要的，孩子必须懂道理、知对错才能行得端做得正，但是，在和孩子沟通时，孩子却会很排斥我们跟他讲道理，这是为什么呢？因为只会讲道理的父母不懂孩子的心、缺乏人情味儿，所以在沟通中不能只讲道理，还要与孩子共情。

懂得沟通的父母不仅讲理，更讲情

在沟通中，有一个秘密是许多人一生都不知道的，有一个点石成金的法宝，是有些人一生都参悟不到的。这个秘密和这个法宝是一回事，就是在人与人的相处中，讲理并不是那么重要，讲情更重要。

在情绪管理中，我们要管理住自己的情绪；在倾听时，我们要带着感情用心地倾听孩子说话；在表达时，要会述情。沟通中的每一步都离不开"情"字，到第四步，更是将"讲情"发挥到了极致，这一步叫做"共情"。述情是父母表达自己的感受和需求，而共情是父母主动去体会孩子的感受和需求，讲情为什么如此重要？看看下面这个生活中常见的事例。

刚刚吃完晚饭，孩子就去拿零食吃，父母立即制止孩子："不准吃零食！"

"为什么不准吃？"孩子问道。

"刚刚吃过晚饭，为什么要吃零食？"

"不为什么，就是想吃。"

"不准吃，吃零食是个不好的习惯，尤其是饭后，对消化不好，现在不许吃！"父母一点也不妥协。

"我消化很好，我现在就想吃零食。"

……

在这个事例中，妈妈强调"吃零食是个不好的习惯，饭后吃零食对身体不好"，是从正确与否的角度来说的，也就是说，妈妈在跟孩子讲道理。而孩子强调"我就是想吃"，是从自己的感受来说的，也就是在讲情。一个讲理，一个讲情，当然讲不通了。

那么，谁是对的？这里就要说到人做事情的动机。从心理学的角度讲，人做事情有两个动机，一是正确，二是愉快。我们刚出生时，做事情都是受本我驱使，即什么事情让我快乐我就做什么，我想做什么就做什么，也就是说为了愉快而做某件事是人的本能。后来，在父母和社会的教育下，我们有了是非对错的标准，知道了做事情不单单只从快乐出发，还必须要考虑是否符合社会的标准，这个时候，我们不仅仅要考虑我想做什么，还要考虑我应该做什么。

但是，当"我想做的事情"和"我应该做的事情"发生矛盾时，人的内心就会不舒服。比如案例中孩子想吃零食这件事情，它不符合绝大多数人认知中的对错标准——吃零食是个不好的习惯，这个时候，如果让孩子去做"他应该做的事情"——不吃零食，他就必须要压抑自己的本能——吃零食，这时，孩子的内心是不愉快、不情愿的。

或许父母会认为，孩子要在这个社会上生存，就必须要做应该做的事，这样才有可能被他人认同，做应该做的事情是为了孩子好，比如不让孩子吃零食，是为了孩子的身体好。这当然没错，但父母忽略了三点：

第一，孩子在社会上做应该做的事情，在学校做应该做的事情，如果回到了家里还必须做应该做的事情，他就会感觉到很累，因为他没有机会做他想做的事情，他本能的欲望得不到满足。

第二，孩子毕竟还是孩子，他们的头脑里还没有那么多的对错标准，所以他们在做一件事情时，更多地是考虑我想不想，而不是我应不应该。

第三，父母的对错标准过于严苛，让他们感觉到受约束、受压抑，本能地想挣脱。

基于以上三点，当父母要求孩子必须做应该做的事情时，孩子就会不配合，这时，无论父母说什么，孩子都不会听，因为父母没有考虑到他们的感受，只是在跟他们讲"理"，而忽视了他们的"情"。

这个时候就看出来了，讲理讲不通。只讲理不讲情，说明你不理解孩子，而孩子也不理解你。因为你和孩子考虑事情的角度不一样，孩子是从情出发，而你是从理出发，那么自然是无法沟通的。

所以，要想让沟通进行下去，你就必须转换角度，放下道理，改为讲情。有个词语叫做"通情达理"，通情为什么要放在达理前面，不仅仅是一种表达习惯，更是因为通情比达理更重要。

讲理没错，讲情也没错，但在人与人的相处中，在父母与孩子的沟通中，讲情却比讲理更重要。

还是吃零食这个案例，如果父母用讲情的方式和孩子沟通，看看效果会怎么样：

"为什么想吃零食，是因为今天的晚饭不合你的胃口，你没吃饱吗？"

"嗯。"

"那少吃一点，不能多吃好吗，零食吃多了对身体不好。"

"好。"

瞧，问题很轻松地就解决了。在这段简短的沟通里，父母始终是讲情的，首先是主动体会孩子的感受，探寻孩子想吃零食的原因——晚饭不合孩子的胃口，孩子没吃饱。然后主动去满足孩子的感受——可以吃一点零食。最后又告诉孩子，不能多吃，因为吃多了对身体不好。既讲情，又讲理，但首先是讲情，所以沟通毫无障碍。

在这里，父母执行了弹性的对错标准。询问了孩子想吃零食的原因，但没有去较真这个原因是真是假，因为父母觉得，就算孩子吃饱了，也是可以吃一点零食的，这不是一件绝对错误的事情，所以没必要要求孩子绝对不能吃。放下绝对的对错标准，去满足孩子的感受，这就是讲情，是共情。

在家里，在父母与孩子之间的琐碎事情上，在不是大是大非的问题上，何不多和孩子讲情，多考虑考虑孩子的感受，多想想孩子的需求，多与孩子共情。成为一个会共情的父母，你更容易理解孩子，也就更容易与孩子沟通。

相反，一个不懂得共情的父母，就会制造父母和孩子之间的情感鸿沟。

孩子考试没考好，情绪低落，忍不住抹眼泪，父母说道："有什么好哭的，哭有用吗？你现在要做的不是哭，而是想一想为什么没考好，下次怎么样才能考好，哭能解决问题吗？"

孩子一听，不但没止住哭，反而哭得更厉害了。

这个父母就不懂得共情，哭虽然不能解决孩子的考试成绩的问题，但哭能发泄孩子现在的情绪，而且，孩子现在最需要做的就是哭，父母现在最需要做的是帮孩子处理他的情绪，而不是让孩子去马上思考问题、解决问题。

为什么此刻处理情绪最重要？因为人在情绪低落的时候，是没有心理能量处理事情的，这个时候孩子最需要的是得到安慰，让心情好起来，然后再来解决事情。但父母却完全忽视了孩子的感受，只关注事情，但通常这时事情根本就解决不了。

所以，正确的沟通方法是先关注孩子的心情，再来解决孩子的事情。

事情事情，少了情的事不叫事情，不解决情往往也解决不了事情。不用说在亲子关系上了，就是和他人谈生意或交个普通朋友，如果你忽略情，往往也谈不成合作。

而在亲子关系这种更亲密的关系中，更要关注情，因为在外面他人不会关注孩子的感受，都是在用对错的标准来要求他们，所以他们才会期待父母能关注他们的感受。如果父母也要用对错的标准来要求他们，那么他们的内心一定会更加痛苦。

所以，懂得沟通的父母不仅讲理，更讲情，而且要先讲理，后讲情。

共情的步骤 1：
关注和接纳孩子的情绪

共情就是能够觉察孩子的情绪，能够体会孩子的感受，能够理解和支持孩子，并根据这一切去和孩子沟通或解决问题。共情是个循序渐进的过程，第一步就是要关注和接纳孩子的情绪。

孩子回到家，默默地把书包往沙发上一扔，坐在那里不吭声。妈妈正在一旁忙碌，没有察觉到孩子的异常。吃晚饭时，孩子也没什么话，饭也吃得比平常少，妈妈仍然没发现孩子和平常有什么区别，倒是和平常一样对孩子说："赶快去做作业吧。"

谁知孩子却说道："不想做！"

妈妈一听不高兴了："不想做作业，那你想干吗？"

孩子嘟着嘴不吭声。

孩子有了情绪，妈妈却没看出来，还和往常一样对待孩子，但孩子却不配合，是因为他心中有负面情绪，没有心情做其他事情。而妈妈不够细心，没有观察到孩子的情绪反常，也就是说她对孩子的情绪不够关注。因为关注的第一步就是觉察，而觉察需要细心和敏感，缺乏对孩子情绪的觉察，共情就无从谈起，往往这时候孩子也不会很好地与你沟通。

有的父母能够觉察到孩子的情绪，但却接纳不了孩子的情绪。

孩子回到家，默默地把书包往沙发上一扔，坐在那里不吭声。妈妈在一旁看到了，瞥了一眼说道："小孩子家，天天无精打采的，一点活力都没有。在学校干吗了，受什么打击了？"

孩子也瞥了一眼妈妈，说道："哼！不关心我，还讽刺我。"

这里的妈妈倒是注意到了孩子的情绪，但她却不接纳孩子的情绪，反而觉得孩子有情绪是不应该的。她对孩子的心情并不是很关心，虽然她问了孩子"在学校干吗了，受什么打击了"貌似关心的问题，但使用的却是近乎谴责和嘲讽的语气，那么孩子听了也是不开心的。

这两个例子，一个是缺乏关注孩子情绪的能力，一个是不接纳孩子的情绪，那么就不可能做到共情。

不过这两个事例中，孩子都没有主动去表达自己的情绪，所以父母会忽略。对于那些主动表达自己感受的孩子，父母会关注和接纳他们的情绪吗?

　　孩子在学校被老师批评，孩子觉得很委屈，回家后向父母诉苦。

　　父母说道："老师不会无缘无故批评你的，批评你肯定是因为你犯错了。"

　　"就算我犯错，老师也不能只批评我，不批评其他同学。"

　　"如果你觉得老师批评得不对，可以明天找老师说理去！"

　　"我已经和老师说过了，可他还是批评我，所以我才觉得委屈啊。"

　　"委屈解决不了问题，你要找老师解决问题！"

　　"我现在是在告诉你，我很委屈！"

　　"你在这里大呼小叫就不委屈了吗?"

　　"唉……算了，不和你说了。"

　　在这段沟通中，孩子表达的重点显而易见——他觉得很委屈，他几次向父母强调这个感受，但都被父母忽视，父母的关注点一直在事情上——是你错了，找老师说理去，你要解决问题！可是这不是孩子诉说的主要原因，也不是他渴望的反馈，他渴望的是向你分享他的感受并得到你的安慰，但得到的却是你的批评和指责。当孩子渴望你关注他的感受，而你关注的却是事情的时候，沟通就像是鸡同鸭讲，谁也不理解谁。

表达的目的之一是倾诉和分享，说出来了，孩子的情绪就得到了缓解；得到了父母的安慰，孩子的情绪也许就好了很多，但是很多时候，孩子的情绪并没有得到父母的关注、接纳和安慰。

共情通俗地讲就是善解人意，善于觉察到别人的感受和理解他人的感受，当孩子有负面情绪时，你要能够看见、关注和接纳孩子的情绪，当孩子向你表达他的感受时，不要去较真事情的对与错，也不能自动忽略情而只去关注事，那会让孩子的心得不到安慰，故而不愿意和你沟通。

在述情时，我们要觉察自己的感受，而在共情时，我们要有意识地去觉察孩子的感受。那么，如何觉察孩子的感受才能让他感到被关注和接纳呢？

＊第一步，关注孩子的情绪

关注拆开来讲就是注意和关心，比如孩子一到家就沮丧地往沙发上一坐，这时你马上就注意到，孩子和平时不一样，平时到家都是嘻嘻哈哈的，今天却坐在沙发上一句话都不说，这时你就要去关心孩子："怎么了？怎么好像不开心？"这时，孩子可能就会和你分享他的心情，你要耐心地倾听，不随便发问，不随便发表评论，不轻易对孩子指指点点。不但语言要关注，行为也要关注，要坐到他的身边，看着他听他诉说。这是让孩子满足的第一步。

在关注孩子的情绪时，要用询问的语气："你不开心吗？""你好像有点生气？"因为询问能打开孩子的话匣子，让他自然而然地分享他的心情。询问也表示你只是在猜测，你并不确定他此刻的感受是什么样的，那么不管你猜错还是猜对，孩子都不会介意。

✱ 第二步，接纳孩子的情绪

有的父母能够关注孩子的情绪，但不一定能接纳孩子的情绪。比如当孩子说他很生气的时候，父母会不以为然："就为这点事情生气？这有什么好生气的，完全不值得嘛！"这就是不认同孩子的感受，会让孩子感到不被理解，那么孩子就不愿意和你继续沟通了，更深一步的共情就无法继续。

所以说，当孩子表达了他的心情之后，父母要接纳他的情绪，如何接纳？"如果你觉得委屈，就跟妈妈发发牢骚。""如果你觉得很难过，那就哭出来吧。"接纳孩子的情绪就是暂时不管事情的真相是什么样的，不管孩子是对还是错，先接纳他此刻的感受，允许并承认他此刻的情绪是客观存在的，并给他一定的安慰，让他的情绪平静下来。不要去说他值不值得生气或难过，值不值得是你认为的，不是孩子的认知。不管值不值得，他已经有这样的情绪了，所以你需要先接受。

接纳孩子的情绪为何如此重要，因为唯有接纳才会有接下来的沟通。如果你都不认同孩子的情绪，孩子可能也没有心情和你分享事情，而你们对事情也很难达到共识。

对于一些习惯关注事而不关注情的父母，是不太能接纳孩子的负面情绪的。他们认为负面情绪是于事无补的，是消极的，他们不允许孩子有负面情绪的存在，这一类父母往往无法和孩子共情。那么这类父母就要转变一下观念，绝大部分孩子都是有负面情绪的，而且负面情绪是无法压抑的，不接受孩子的负面情绪会让孩子有被否定的感觉，那么孩子的内心是会不舒服的。

关注和接纳孩子的情绪其实就是"看见"孩子的内心，看见的力量是巨大的，看见即感受到并懂得且在意。当你能做到这一点的时候，孩子会有莫大的被在乎和被安慰的感觉，内心会得到很大的满足。在这种情况下，他会主动愿意和你分享更多的、更深刻的感受和事情，那么沟通就会变得很容易。

沟通不仅仅是倾听和表达，那只是肤浅层面上的沟通。沟通更是看见彼此的内心，接纳彼此的感受，建立在这个基础上的倾听和表达才能有更多的共鸣。

共情的步骤 2:
肯定孩子起情绪的原因

共情的第一步，是关注和接纳孩子的情绪，但是孩子为什么会有这样的情绪，究竟发生了什么事情让孩子如此生气或伤心，我们还不是很清楚。所以共情的第二步是了解孩子起情绪的原因，并肯定孩子起情绪的原因。而这一步又要分两个步骤来走。

＊引导孩子分享事情

情绪不是凭空而来的，是由于事情引起的，发生了什么事情，在事情发生时和发生后孩子都有什么样的感受，我们必须了解这些，才能完全掌握孩子起情绪的原因，才能更好地去理解孩子的感受。

"现在心情好点了吗？究竟发生了什么事情让你这么不开

心？愿意和妈妈说说吗？"

"今天我和同学在教室里追逐打闹，碰倒了课桌，刚好老师进教室看见了，就批评了我。说我不该在教室里跑来跑去，可是明明是其他同学先追我的，但是老师只看见我撞倒课桌，没看见他们追我，所以就只批评了我，你觉得是不是很不公平？"

经过孩子的诉说，你知道了孩子委屈的原因，也就知道了接下来该如何劝慰孩子。引导孩子分享事情是为了了解，因为唯有了解才能理解，才知道如何与孩子共情。孩子在诉说时可能不止只说一件事，也许会说到以前的一些事情或其他同学的一些事情，来充分表达他对现在这件事情的理解以及他更多的感受，这都是父母了解孩子的机会。如果不去了解这些事情，可能做不到深层次的理解孩子，可能会在接下来的沟通中又否定孩子的情绪。

有时候，可能光听孩子诉说还不够，还需要你做一些调查，比如给老师和他的同学打个电话，了解更多的情况才能在接下来的沟通中给孩子正确的建议。

但在个别时候，孩子可能不愿意说，这也许是因为他的情绪还没过去，也许是因为他想保密，也许他希望你能猜到，那么这个时候就不要勉强，等他想说的时候再说。千万不要不停地问孩子："为什么生气呀，告诉妈妈。到底发生了什么事情，你快说呀！"不停地催促会让孩子的心情更糟糕。

✻ 肯定孩子起情绪的原因

了解了孩子起情绪的原因，接下来要做的是肯定孩子起情绪的原因。肯定孩子起情绪的原因非常重要，如果你前面的步骤都做得很到位，但这一步没做好，那么一切都将前功尽弃。如何肯定孩子起情绪的原因？看下面的示范：

"因为其他同学也有错，但老师只批评了你，没有批评其他同学，所以你认为不公平，觉得很委屈，是吗？"

肯定孩子起情绪的原因并不是要你直接告诉孩子："你觉得委屈是对的，老师是错的。"这又是在把事情简单地归结为对错，而非我们说的共情。共情是理解孩子的感受，即便孩子做错了，我们仍然理解孩子的心情。肯定孩子的情绪是找到孩子起情绪的逻辑，并认同这个逻辑是成立的。这个逻辑是怎么找到的，是从孩子的诉说里找到的，孩子说："是同学们先追我的，但是老师没看见，所以只批评了我，没有批评其他同学。"这是孩子起情绪的逻辑，我们要肯定孩子这个思维逻辑，即他觉得委屈是由他的认知决定的。我们不评判孩子认知的对错，只接受这个认知导致的结果——情绪。这是对孩子情绪的再次接纳，是更深层次的与孩子共情。经过这一步的共情，孩子觉得你更理解他了。

但是，有些父母却把这一步搞砸了，当他听孩子说完事情的前因后果之后，恍然大悟状：

"哦，原来你是因为这个觉得委屈啊，这有什么好委屈的呀，你把桌子碰倒了，老师批评你很正常。至于其他同学没被批评，那是因为老师没看见，但这和老师批评你是两回事儿，你做错了事情就应该受到批评。"

这么一说就完了，这等于是又否定了孩子的情绪，这等于是告诉孩子：你就是错了，老师是对的，你觉得委屈是不应该的。这是把第一步的共情给推翻了。否定孩子起情绪的原因其实就是否定孩子，孩子内心的感受非但没有得到理解，反而被再次批评，那么他的心情岂不更糟，所以这不是共情。这是在与孩子沟通中最忌讳的事情。

为什么一定要肯定孩子起情绪的原因？因为这是从情感上与孩子站在同一方，成为情感上的战友，沟通才会更容易，孩子才能接受来自"战友"的建议。从另一方面来说，认知有对错，但情绪本身没有对错，所以不管孩子的认知是否错误，我们先肯定孩子的情绪，这是彻底接纳孩子的情绪。其实孩子就是纠结在这里，你不肯定他起情绪的原因，他的纠结就不会消失。

所以这一步是肯定孩子起情绪的原因，但不评判任何对错，不说孩子是错的，也不说老师是错的，评判对错是下一步的事情，现在你需要做的是与孩子共情。

当你肯定了孩子的情绪时，孩子的内心立刻会有这样一种感受："哇！妈妈是理解我的。"一旦被人理解，孩子的情绪就会再次得到释放。

　　共情的前两步都是集中在情上面，接纳孩子的情绪，肯定孩子的情绪，为的是让孩子的情绪消失，把他的心理调整到舒服的状态。因为只有这样，才能在下一步把注意力转移到事情上，在心平气和的情况下，孩子才能冷静地去思考问题和解决问题。

共情的步骤 3：
启发孩子思考事情本身和理解他人

在共情的前两步，我们接纳和肯定了孩子的情绪，又满足了孩子诉说的愿望，基本上他的心情会好很多。但是共情并没有结束，因为共情的目的不仅仅是去理解孩子，而是在理解孩子的基础上与孩子沟通更多的事情，并最终解决问题。在前两步，我们的注意力都在情上面，而在后两步，我们开始关注事情。

我们肯定了孩子起情绪的原因，但并不是认为孩子所做的、所想的都是对的。即便是对的也有可以做得更好的地方，那么在这一步，我们就要引导孩子去思考事情本身和理解他人。

还是孩子被老师批评这个案例，你可以这样启发孩子去思考：

"你们老师平时是个不公平处理事情的老师吗？"

"那倒不是。"

"那么以前他有这样不公平地对待过你吗？"

"没有。"

"那你觉得老师今天只批评你没有批评其他同学，是什么原因？"

"是因为他只看见我推倒桌子，没有看见其他同学追我。"

"那你觉得老师只批评你，是针对你吗？"

"不是。"

"那你还觉得委屈吗？"

在你的引导和启发下，孩子自己说出了老师批评自己的真正原因——并不是不公平，而是没看见，同时自己也推翻了自己觉得委屈的情绪逻辑——老师针对自己，起情绪的逻辑被推翻了，那么情绪自然就没有存在的理由了。这里要注意一点，起情绪的逻辑一定要被孩子自己推翻，而不是父母来推翻，因为上一步我们刚刚肯定孩子起情绪的逻辑，这一步又马上推翻，这不是自相矛盾吗？

其实在上一步，孩子在分享事情的经过时就已经说过老师批评自己的原因，但在那时，孩子的情绪还比较激动，还不能理智地思考问题，所以他会在潜意识里忽视老师批评自己的客观原因，而主观地认为老师是不公平的。但是，经过前两步父母与孩子的共情，孩子的心情已经平静下来，他已经恢复了理智，可以客观地思考问题了，那么也就能够理解老师的做法了。

这其实就是共情的重要性，没有前两步的共情，就没有这一步孩子对老师的理解。因为人的心理容量是有限的，当他的注意力都在自己的情绪上面的时候，他是没有心理能力来思考其他事情的。而当他的负面情绪消失了之后，他的内心才腾空了，才有心理容量和心理能量来思考其他的事情。

但是，这样的思考一定是孩子自己的思考，父母不能代替，不能告诉他：因为老师只看见你推桌子，没有看见其他同学追你，所以他只批评了你。这样说服力就弱了，因为在大多时候，人们更相信自己的判断，而非别人的判断，而且这个判断是自己经过一步步理智的思考得出的，而非别人塞给他的，所以他能够很自然地接受。

所以，我们要引导和启发孩子去思考，思考的目的是，第一，让情绪彻底消失；第二，理解他人。可以从两方面来引导和启发孩子去思考：

＊ 用提问的方式启发孩子思考

什么是启发？直接告诉孩子答案肯定不是启发。启发就是你抛出引子，让孩子去思考答案。有一个方法能够达到这个目的，就是提问。提问能够给思维陷入死胡同的人一个出口，让对方跟着你的思路去思考。

比如：

"你学习成绩那么好，为什么大家没选你当学习委员？"

"可能是因为我只顾自己学习，很少帮助大家学习，平时也很少和同学们交流，和同学们的关系一般。"

"那你觉得大家是需要一个只是自己学习好的学习委员还是能够帮助大家学习的学习委员？"

"应该是能够帮助大家学习的学习委员吧。"

孩子说完这句话，他的心里已经有了答案，而他也能够理解同学们为什么不选他做学习委员了，他的不快情绪也就消失了。这就是用提问的启发孩子思考。这个方式的启发就是问"为什么"，孩子通过回答为什么去琢磨他人的想法和需求，而不是固守自己的逻辑才是正确的。

＊引导孩子从另一个角度看问题

孩子为什么会起情绪，因为多是站在自己的角度思考问题，考虑的是自己的需求，但事情的发展不仅仅只是从自己的角度出发，也不只是为了满足自己的需求。所以，如果不懂得转换角度，情绪就无法消失，所以启发的第二个方法是引导孩子从另一个角度看问题。

首先是对方的角度。

"你认为老师为什么要这么做？"

"大家为什么选择他当班长？"

"他对待别人也是这样吗？"

"他一直是这样对你吗？"

这些问题都是从对方的角度出发，来思考对方的动机或需求。我们常常误会他人的行为是针对自己，其实不过是他的出发点和我们不同罢了，如果能教会孩子替换思考，那么就比较容易理解他人。

其次是事物发展的另一个角度。比如：

孩子考试没考好，心情特别不好，郁郁寡欢。

你问孩子："这次考试没考好，除了你自己大意之外，还有什么原因？"

孩子答："题目比较难。"

你接着问："你没考好，那其他同学考得怎么样？"

孩子答："也不是很好。"

你问："那你认为这次考试没考好都是自己的责任吗？"

"不是。"

这是启发孩子从事情发展的其他角度思考问题，思考的角度如果变了，孩子就从思维的窠臼里出来了，就不再钻牛角尖了，那么情绪就转变了。

启发孩子去思考，其实就是为了让孩子瓦解他起情绪的逻辑，让他自己认为生气或难过是没必要的，让孩子自己的思想转过弯来，这就是与孩子共情。同时，孩子能从对方的角度思考问题，也是让孩子学习如何与他人共情，孩子若能学会与他人共情，就会容易理解他人，那么就不会因为对方的一些言行而轻易地起情绪。如果父母能与孩子共情，而孩子也懂得如何与他人（这个他人也包括父母）共情，那么父母和孩子之间是不是就更加容易沟通了呢？

共情的步骤 4：
引导孩子关注事情未来的解决方案

　　经过第三步的共情，孩子的情绪消失了，能够理智地、多角度地思考问题了，接下来要和孩子沟通的是事情未来的解决方案。当然有些事情是已经结束了，但不代表不需要再沟通了，比如下次怎样才能避免此类事情的发生，下次再遇到类似的问题还会不会起情绪，以后怎样做才能做得更好，等等，所以，共情和沟通结束在第三步是不够的，也是不完美的，我们还需要继续引导孩子关注事情的未来或者说未来的事情。

　　＊ 对于尚未结束的事情，引导孩子思考出解决方案

　　一件事情发生了，孩子也许和别人起了冲突，造成了一些后果，需要孩子去补救、去善后，但父母不要帮孩子去解决，也不要替他出主意，而是要引导他自己想出解决办法。现在他情绪平稳，也能够理解他人，已经有了心理能量去思考事情的解决办法，

第五章　共情

那么父母依然可以用提问的方式把孩子一步步带向思维的出口。

孩子弄坏了小朋友的玩具，被小朋友打了一下，回来后哭得很伤心。父母经过接纳孩子的情绪、肯定孩子起情绪的原因及启发孩子思考这三步的共情，已经使孩子的情绪基本消失，孩子也能够理解小朋友的行为是由于玩具被弄坏后的一时气愤。那么，接下来，父母就要引导孩子去关注事情未来的解决方案。

父母可以这样说："现在小朋友的玩具被你弄坏了，他一定很伤心，你觉得怎么样他才能不伤心呢？"

孩子可能会说："要是再有一个那样的玩具他就不伤心了。"

那么你可以说："他怎么样才能再有一个那样的玩具呢？"

孩子说："让他妈妈给他买一个。"

父母说："可是，他的玩具不是妈妈弄坏的，为什么让妈妈给他买呢？"

孩子："那我给他买一个吧。"

父母："你用什么给他买呢？"

孩子："用我的压岁钱。"

如果孩子说："我没钱给他买。"

那么你可以说："妈妈掏钱给他买一个，明天你送给他好吗？"

在你的引导下，孩子自然而然地说出了解决方案，没有一丝勉强。如果是父母直接告诉他解决方案，也许他多多少少还有点抗拒，但是引导孩子在与小朋友共情的情况下想出来的解决方案，孩子就更愿意去实施，因为这个时候他考虑的不仅仅是自己的感受，更是小朋友的感受，所以就愿意去弥补自己的失误带来的后果。这就是共情式的沟通。与孩子共情，关注孩子的感受，不仅能使父母管理住自己的情绪，也能使孩子的情绪消失，双方都能够在心平气和的情况下进行沟通，那么往往沟通能够顺利进行，事情也能得到圆满的解决。

✳ 对于已经结束的事情，引导孩子总结经验教训

有些事情虽然使孩子产生了很大的情绪，但是事情已经结束了，没有需要弥补的后果，那么对于这类情况，我们除了用共情的方式让孩子的情绪消失外，还可以做些什么？俗话说"吃一堑，长一智"，任何一件事情都可以让我们学到一些东西，只是帮助孩子让不快的情绪消失是不够的，我们还要帮助孩子成长。如何帮助孩子成长呢？

"今天老师批评你了，你感到很生气，下次再遇到类似的事情，还会那么容易生气吗？"

"不会了。"

"那么下次怎么样才能避免在教室里碰倒桌子呢？"

"不在教室里追逐打闹。"

"如果其他同学追你呢？"

"那我就告诉他们那样会碰到教室里的东西或者别的同学。"

"如果他们不听呢？"

"那我也尽量不乱跑，或者告诉老师。"

在这段对话里，孩子对四个问题进行了理智的思考：下次碰到此类事件还会不会那么容易起情绪？以后怎样避免同类事件的发生？以后怎么做才能做得更好？这是孩子自发的思考，这些思考比起那个只会生气、委屈、闹情绪的孩子来说是飞跃式的进步，这都是父母的功劳，是在父母的正确引导下，孩子才有了更深刻的认识，这对于孩子来说是一次难得的成长。

在这两种方式的沟通中，父母都没有给孩子任何建议和指导，所有的解决方法都是孩子想出来的，那么他更愿意按照自己的想法去做，这就很轻松地达到了沟通的目的。这一步仍然是在与孩子共情，让孩子在心情最愉快的状态下去关注事情，那么沟通会变得特别容易。

走完这最后一步，父母就完成了一次完整的共情的过程。在这个过程中，孩子的情绪由严重的负面情绪变为完全消失，事情由矛盾冲突发展为顺利解决，孩子得到了成长，你对孩子有了更多的了解，而你和孩子之间的沟通也变得更加容易，共情让你和孩子收获了很多，这就是共情的重要性。

在共情的四个步骤里，我们始终在讲情，在关注感受，不能说没有理，但理是蕴含在情之中的，是不知不觉间接在讲理。孩子没有发现在讲情的同时他其实也在讲理，因为一点也不刻意，所以孩子没有不舒服的感觉，这是沟通得以顺利进行的关键。

所以说，在与孩子的沟通中，讲理固然重要，但讲情更重要。

第六章

允许
接受孩子的缺点，允许孩子慢慢变好

不允许是亲子关系的罪魁祸首，它会扼杀父母和孩子的幸福。因为不允许，导致父母对孩子产生了许多不满，也使孩子受到了不少的伤害，更导致沟通无法愉快进行。如果我们可以放下这些不允许，尝试着去接受孩子的很多行为，或许我们和孩子之间的沟通和关系都会有一个新的局面。

"不允许"是亲子关系恶化的罪魁祸首

　　在沟通中，如果共情是第一个法宝的话，那么允许就是第二个法宝，其实在共情中我们已经谈到了允许——允许孩子在正确的范围内做愉快的事，允许孩子在愉快的状态下做正确的事，我们已经看到了允许的魅力。允许就像是父母和孩子之间的润滑剂，让所有的问题都可以沟通，都能够迎刃而解。不过很多时候，父母和孩子之间却并非如此，不允许的时候比允许的时候多。

　　"妈妈，放学之后我可以和同学在外面玩一会儿再回家吗？""不行！"

　　"爸爸，我写完作业了，我可以玩会儿游戏吗？""不行，小孩子不能玩游戏！"

　　"妈妈，我可以看会儿电视再写作业吗？""不行，必须先做完作业再看电视。"

　　"爸爸，这个菜我不喜欢吃。""不行，必须吃，这个菜很有营养的。"

这还是些无伤大雅的小事情，父母尚且不允许，那对于孩子的缺点和错误呢，父母更是不允许了。

"做事情怎么总是慢吞吞的，能不能快一点？"

"看看墙上，被你画得乱七八糟，谁让你在墙上乱画的？给我罚站两小时！"

"看看你表弟，这次考试两个100分，再看看你的成绩，我都不好意思说。"

"在口才班里都学习一年了，现在见了人还是不会说话，你啥时候能有进步？"

对孩子的缺点、错误和不足，父母简直是痛心疾首，恨不得拿一个橡皮擦把它们擦掉。

因为不允许这不允许那，导致孩子的许多愿望无法得到满足，也导致孩子总是被父母限制、被父母否定、被父母批评和指责，在这样的情况下，孩子的心情能好吗？孩子能愿意配合父母的教育吗？孩子和父母之间的沟通能够顺畅地进行吗？都不能！

总是被不允许是一种什么感觉：我做什么都是错的，我身上的所有一切都是你不喜欢的，我的存在是没有意义的。

对于那些逆来顺受、性格较为脆弱的孩子来说，太多的不允许足以毁掉他们的自信心，使他们成为一个低眉顺目、随时准备听父母教训的孩子。这样的孩子看似听话实则没有自我，他们有了欲望和要求不敢再向父母提，于是，他们和父母的沟通越来越少，而父母和他们的沟通就是指责他们、教训他们。

而对于那些叛逆的孩子来说，太多的不允许足以激起他们强烈的反弹，使他们成为一个时时和父母顶嘴、处处和父母较劲儿的孩子。生活中这样的孩子很多：你不让我做什么我偏做什么，你不是说我不好吗？那我就破罐子破摔给你看。这样的孩子若和父母沟通，沟通就变成了顶嘴、吵架、较劲——各种不听话，而父母呢，被他们气得够呛。

这就是不允许带给孩子和父母的后果——不允许成了父母和孩子之间关系恶化的罪魁恶首，不允许使得父母和孩子无法沟通。

不允许使得孩子不开心，父母更生出无限烦恼。不允许孩子的诸多言行或缺点的父母，总是觉得我的孩子为什么总是不听话？我的孩子为什么总是给我制造麻烦？我的孩子怎么总是令我不满意？实际上，不是孩子不够好，而是父母总是用挑剔的眼光看他，用完美的标准要求他，只要孩子的表现和自己期望中的有差距，自己的心就容不下，理想主义、完美主义、无法包容使父母总是对孩子身上的各种现状不满意、不允许。

不允许是对孩子的不接纳，仅仅是不接纳孩子的情绪时，我们就无法和孩子很好地沟通，而现在，你对孩子各种不接纳，那么沟通根本无从谈起。

所以，我们需要改变一下，要允许。其实仔细想一下，父母总认为教育孩子非常难的很大一方面原因就是不允许，如果能够允许孩子有缺点，允许孩子犯错，允许孩子和其他孩子有不同甚至不如其他孩子，允许孩子慢慢改掉身上的缺点、慢慢地成长，那么父母和孩子之间的许多摩擦就消失了。

在《好妈妈胜过好老师》一书中，作者尹建莉说到自己的女儿小时候总喜欢在家里的白色墙壁上画画，这在许多父母看来是绝对不允许的事情，但是尹建莉却允许女儿这么做，她说："你可以在墙壁上画画，但你只能在这一面墙壁上画画。"女儿愉快地答应了。后来，女儿果然在这面墙壁上练出了不俗的画功。

这就是允许的作用，允许不仅使孩子和你之间的摩擦消失了，也使孩子愿意听从你的其他约定，更重要的是，允许使我们看到了可喜的结果。试想一下，如果尹建莉不允许女儿在墙壁上画画，女儿可能生气地把画笔一扔，再也不会好好作画了，那么我们就看不到一个冉冉升起的小画家了。

所以说，允许是父母和孩子之间的关系的润滑剂，允许使父母和孩子之间的沟通成为可能，允许让孩子觉得父母爱我而我也应该更爱父母，他们内心的潜台词是：父母已经答应我的要求了，那我也应该答应父母的要求；或父母已经原谅我的错误了，那我也应该表现得好点不让他们伤心。这就又回到共情了，当你用允许照顾到孩子的感受时，孩子也会照顾你的感受，所以说教育孩子不能只讲理，要讲情，而允许就是对孩子讲情。

在孩子身上，需要被允许的事情很多，请父母尝试着允许孩子，你会发现，允许有神奇的力量！

允许的内容 1：
允许孩子的想法和要求

允许的内容很宽泛，有些父母在一开始做不到允许孩子的缺点和错误，那我们就先从允许孩子的一些想法和要求开始。孩子的一些想法和要求是生活中再正常不过的事情了，但是有时候也被父母不允许。

孩子写了一份演讲稿，写完后自己欣赏半天，觉得很满意，爸爸说拿来给我看看，看完后说道："你不能这么写，演讲稿不是这么写的，你应该这样写……"给了一大堆指导意见。

但孩子并不接受，说道："我觉得我写得挺好，虽然你说得很有道理，但我还是想按照我的想法来。"

爸爸对孩子的态度很不满意："我天天写报告，演讲也参加过好几次了，难道我不知道演讲稿怎么写吗？大人肯定要比你写得好，你按照爸爸说的改过来，演讲才能获得好名次。"

可孩子坚持自己的意见："我不想改，你的演讲稿适合你自己，我的演讲稿适合我。"

"怎么这么不听话，马上改过来！"

"不改！"

这样的例子生活中应该很常见，这既不是孩子的缺点，也不是孩子的错误，但是父母还是不允许。类似的事例还有：孩子想买这件衣服，你不允许，你觉得这件不漂亮；孩子和你讨论一个观点，你不允许，你说孩子的观点不对，孩子不能这样想；孩子做了一个手工，你说这做的是什么呀，难看死了，毁了重做。处处不允许，孩子处处被限制，创造力、想象力都被扼杀了，于是孩子不愿意再和你沟通，因为他知道和你沟通的结果就是被你否定。

"不允许"浇灭了孩子和你沟通的热情。

或许孩子的某些想法、某些创意在父母的眼里不够新颖、不够完美，以至于被你否定，但孩子的某些要求呢，其实并不离谱，但有时也得不到你的允许。比如我们前面说过的一些孩子很正常的要求：

"妈妈，放学之后我可以和同学在外面玩一会儿再回家吗？""不行！"

"爸爸，我写完作业了，我可以玩会儿游戏吗？""不行，小孩子不能玩游戏！"

"妈妈，我可以看会儿电视再写作业吗？""不行，必须先做完作业再看电视。"

"爸爸，这个菜我不喜欢吃。""不行，必须吃，这个菜很有营养的。"

这些要求并不过分，但仍然得不到父母的允许，因为父母觉得这些要求不够正确，不符合好小孩的标准，好小孩就应该放学后立刻回家写作业，不在任何地方逗留；好小孩就应该不玩游戏；好小孩都是做完作业才看电视的；好小孩不挑食……而孩子的这些要求不符合好小孩的标准，所以就应该被拒绝。

我们再仔细看看，孩子的这些要求其实可以用同一个词来代替，就是——欲望，玩耍、玩游戏、看电视、吃自己喜欢吃的东西，这都是欲望，父母拒绝的看似是孩子的一些要求，其实不允许的是孩子的欲望，或许在父母的潜意识里，好孩子都是没有欲望的，或者是能够压抑自己的欲望的，好孩子不会提这些让父母烦恼的要求。

那么，当孩子用正常的方式向父母提要求却不被允许的话，他会怎么做呢？他可能不会再征求你的意见，也就是说他不会再提前和你沟通，而是放学后直接就在外面玩了，偷偷就去玩游戏、看电视了，趁你不注意就把不喜欢吃的菜吐掉了，当你发现这些情形后，你会更生气，你觉得这个孩子怎么这么不听话！其实，是你的不允许造成了孩子的不听话，孩子和你认真地沟通了，但沟通不了，所以他只有放弃沟通，直接做他想做的事情。

不允许使孩子彻底放弃和父母之间的沟通，并制造出更多的矛盾冲突。

看到这里我们明白了，这个世界上本来没有那么多不听话的小孩，是父母的不允许制造出了一个个不听话的小孩。

想拥有一个听话的小孩吗？那么就不要有那么多的不允许。

＊ 不要用不允许控制孩子

父母为什么总是不允许孩子有自己的想法或按照自己的想法来做事情，是因为父母的控制欲在作祟：你的想法是不对的，是不好的，我的想法才是对的，才是好的，所以你必须按照我说的来做，通过不允许你的想法的存在或执行，我就能控制你的所思所想和一言一行，那么就满足了我的控制欲、支配欲和父母的权威。可能父母没有意识到这一点，他们认为他们是为了孩子好，但这种好却不被孩子接受，并成为父母和孩子沟通的障碍，使孩子不愿意和一个总想控制自己的父母沟通、亲近。

父母可以想一下，如果你遇到一个总是否定你的想法的人，你愿意和他沟通吗？一个总是企图用不允许控制你的思想自由的人，你是不是会急于想摆脱他？既然如此，我们为什么要成为这样的人？不允许伤害了父母和孩子之间的关系，使父母和孩子无法搭建起正常的沟通桥梁，所以，我们不能再不允许，而是要允许："你的想法有可取之处，但是也考虑一下爸爸的想法，不过最后想怎么做，还是由你自己来决定。"允许孩子按照自己的想法成长，这使父母和孩子之间省却了许多沟通的烦恼。

✻ 你越允许，孩子越懂事

允许孩子的要求，允许孩子有欲望，没有欲望的孩子就算听话也是一个呆板的没有活力的小孩，这种小孩长大后问题更多。但父母会担心，我允许他的每个要求，那他的要求越来越多没边没界怎么办，这里要说明一点，允许不是放纵，对孩子的一些合理要求我们应该允许，但这个允许是有尺度的，比如：

"妈妈，放学之后我可以和同学在外面玩一会儿再回家吗？""可以，但记得6点之前要回家哦。"

"爸爸，我写完作业了，可以玩会儿游戏吗？""可以，但是只可以玩半个小时哦。"

"妈妈，我可以看会儿电视再写作业吗？""可以，那我们7点半开始写作业好吗？"

"爸爸，这个菜我不喜欢吃。""好的，那这个菜少吃一点，其他菜多吃一点。"

这里，父母既允许了孩子的要求，又为孩子的要求设置了一个边界，这是在告诉孩子：我可以满足你的要求，但你不能无度索求。这其实也是允许孩子在正确的范围内做愉快的事，通常在这样的情况下成长起来的孩子反倒不会向父母提无理的要求，反而是那些总不被父母允许的孩子会想法设法通过非正常的渠道去满足自己的欲望。

所以说，你越允许，孩子越听话；你越允许，和孩子就越容易沟通。

不允许是给孩子塑造了一个牢笼，孩子肯定想要挣脱，但允许是把孩子放到美丽的大草原自由玩耍，但孩子并不会因为自由而跑得太远，因为他们知道跑得太远会有危险，而父母也会担心。所以，允许孩子的想法和要求，孩子反而容易教育，容易沟通。

允许的内容 2：
允许孩子的缺点

　　每个人身上都有缺点，一个成人身上的缺点不见得比一个孩子身上的缺点少，这说明缺点是很难改正的，即便你明白你的缺点是怎么形成的、怎样才能改变，也未必能轻而易举地改掉，因为明白道理、知道方法和真正能做到之间是有很长的距离的。强调这一点的意思是说每个人身上的缺点都是一种客观存在，而且是一个顽固的存在，你能让这个顽固的客观存在马上消失吗？不可能！所以，你必须接受它的存在，这个接受，就是允许。

　　当我们不能接纳自身的缺点时，我们常常会自责，会活得纠结、痛苦，内心会有许多矛盾和冲突，那么，当我们不能接受孩子的缺点时，我们和孩子之间也会发生许多矛盾和冲突，有这些矛盾和冲突在，彼此之间就很难沟通。

孩子的考试卷发下来了，成绩不是很理想，妈妈拿到试卷一看，立刻怒火中烧——最后一道题竟然没有做！

妈妈怒不可遏，说道："你可真行啊，这么大一道题竟然没有做！"

孩子怯怯地说："它在试卷的另一页，我根本就没看到。"

"你还好意思说你没看到？全班那么多同学有几个没看到，你说！"

"没几个。"孩子低着头。

"你说你这粗心大意的毛病什么时候能改掉？"妈妈疯狂的批评模式又开启了，"小到忘记削铅笔、带水瓶，大到忘记写作业、带书本，这次竟然漏做一道题！就你这毛病不改，我看你这初中、高中、大学是都考不上了。"

"妈妈，别这么说我好不好，我也在努力改正了，可是缺点不是一天两天能改掉的嘛。"听到妈妈如此否定自己，孩子很不高兴。

"一天两天？你这毛病多少天了？我一天到晚地提醒你别忘这别忘那，可你有长进吗？除了没忘自己，你说说你什么没忘过？"

"妈妈，就是因为你天天批评我、教训我，我才总是忘东西的，你天天说我，我都快成神经病了。"

"哎哟，你还怪我？如果不是我天天提醒你，你恐怕连上学都会忘了吧。"

"哼！反正我这个毛病是改不掉了，甭管你怎么骂我我都改不掉了。"说完，他从妈妈手里抓过试卷，委屈地走了。

看得出，这位妈妈对孩子的缺点是零容忍，完全不允许孩子这个缺点的存在，这带来了什么后果？

第一，无法沟通。不允许，首先造成了妈妈和孩子之间的互相不理解，妈妈不理解孩子：就这个小小的缺点为什么你总是改不掉呢？而孩子也不理解妈妈：我已经在努力了，但就是改不掉啊，你为什么不能理解我的心情呢？都觉得对方不理解自己，都感到委屈，在这样的心情下怎么沟通？不允许孩子的缺点，父母就会有情绪，就会忍不住批评和指责孩子，而这就让孩子难以接受。

第二，越是不允许，孩子越是改变不了缺点。心理学认为，我们说的每句话和听到的每句话对自己都有心理暗示的作用，批评和指责更是会有这样的作用，你一遍遍地告诉孩子：你今天又忘东西了，你这个毛病真的是太大了，你是改不掉了。孩子长时间受这类话语的洗脑，会在潜意识里认为自己确实是改不掉了，而他的潜意识就会体现在他的行为中，于是我们看到，妈妈越批评，孩子越是忘东西。而且，密集的提醒和批评会让孩子的心情始终处于紧张的状态当中，同时还伴随着负罪感和自责，这多重感觉加起来就像孩子说的"我快成神经病了"，那么在这种状态下，孩子更容易忘东西。

沟通的目的是为了互相理解并达成行动，但从结果来看，不允许孩子的缺点致使沟通永远达不到父母想要的目的。

那么，如果我们改变一下，允许孩子的缺点存在，会有什么样的效果呢？

✳ 看见孩子因缺点而犯错的时候，不说

多次的提醒和批评除了会给孩子带来负面的心理暗示之外，还会使孩子没有足够的心理空间去思考该如何改掉缺点，那么，如果我们不去提醒和批评，而是在看见孩子又粗心大意的时候保持沉默，那么孩子就没有了来自父母的压力，他心中的紧张和焦虑就会减少一些，他的心情就可以平静下来，静静地去反思和成长，假以时日，他这个缺点就可以得到改善。

对待孩子的缺点，有时候"无为"比"有为"的效果要好，无为是给孩子空间，也是给孩子传递这样的信息：这不是什么大事儿，父母相信你能做好。而孩子在放松的状态下，才更容易把想做的事情做好。允许就是一种无为，即然有为不能达到更好的沟通效果，那么父母不妨尝试一下无为，那么即使不能改掉缺点，起码可以改善。

✳ 如果孩子真的改不掉这个缺点，接受

不过也有这样的情况，即便无为，静静地等待孩子改变缺点，孩子可能依然没有什么改变，那么这种情况下就要去接受。我们对孩子的不满意只有两种态度，一种是帮助孩子改变或改善，一种是接受，我们努力地去做第一点，如果做不到，就要做到第二点，这是让我们活得不纠结的唯一办法。如果我们学不会接受，

在明知无法改变的情况下仍然不允许孩子的缺点存在，那就是跟孩子较劲儿，跟命运较劲儿，跟自己较劲儿，而这必然会制造出许多和孩子之间的冲突，致使亲子关系出现紧张，那么就更无法沟通了。

孩子必然有缺点，缺点是孩子的一部分，我们不允许孩子的缺点存在，其实就是排斥孩子的存在，那么对于父母和孩子来说都是痛苦的。而允许孩子的缺点存在，就给了他思考的时间和空间，让他把注意力放在如何改正缺点上。被允许的缺点，缺点会越来越小；不被允许的缺点，缺点反而更不容易改变。

允许的内容 3：
允许孩子犯错

每个孩子都会犯错，每个孩子都在错误中成长，但比起孩子的缺点来说，父母更不能容忍孩子犯错，因为缺点影响的大多是自己，犯错却会伤害别人。轻者他人兴师问罪，重者要付出处罚、处分等代价。那么不允许孩子犯错，沟通又会变成什么样呢？

孩子和同学打架了，这可是父母无法容忍的事情，必须得好好教训他，你心里这么想。

"为什么要跟同学打架？"你非常严厉地问。

"因为他把足球踢到了我脸上。"

"那你也不能和他打架。"

"我没有打他，我只是推了他一下，结果他把我推倒了，我才打他的。"

"那还不是打架了？"

孩子不吭声了。

"爸爸妈妈把你送到学校是去学习的，不是让你去打架的。你打架对得起父母吗？对得起老师吗？对得起你自己吗？"

"我谁都对不起，我是千古罪人好吧。"孩子没好气地说。

"你什么态度，犯了这么大错还敢和父母顶嘴？看来不惩罚你不行，今天晚上不许吃饭，到墙边罚站去，什么时候想通了，什么时候再吃饭。"

孩子打架了，父母不允许，这似乎在情理之中，如果这么大的错误都可以包容的话，那允许就没有底线了，就等于纵容了。在这里，我们要再解释一下"允许"这两个字的意思，允许更准确的解释应该是接受，允许已经发生的事情存在，但并不等于不批评、不惩罚。这似乎有点自相矛盾，允许孩子犯错，又要批评和惩罚他，这不是自相矛盾吗？并不是。

允许孩子犯错是说孩子既然已经犯错了，我们就要接受这个事实，不接受就无法与孩子共情，那么就无法好好地跟孩子讲理。比如案例中父母在内心深处并没有接受孩子犯错这个事实，所以情绪一直很激动，那么孩子也产生了抵触情绪。我们已经论证过多次，有情绪、不关注孩子的感受就无法好好地跟孩子沟通，所以说允许孩子犯错是为了与孩子共情。

从另一个角度来说，孩子毕竟是孩子，还在成长，一定会犯很多错误，不接受他犯错，就是不给他成长的空间，那么孩子必然感觉到受压抑，所以允许孩子犯错是为了给孩子成长的空间。

从这两个角度来说可以允许孩子犯错。但允许孩子犯错和允许孩子的缺点不同，对于孩子的缺点我们可以暂时保持沉默，冷眼旁观等待孩子慢慢改变，但对于孩子的错误我们却不能不闻不问，用完全"无为"的态度来对待。因为孩子的缺点可以慢慢改变，即便改不了影响的也是他自己的人生，但对于一些伤害他人的错误，如果我们不对孩子进行一定的批评和惩罚，不但被孩子伤害的人不答应，就是对孩子的成长也有很不好的影响。

允许是包容、是接受，但不等于糊里糊涂，对于大是大非的问题在共情之后我们必须要和孩子讲清楚，我们可以允许孩子在正确的范围内做愉快的事，但打架这种事情已经突破了正确的范围，我们当然不能允许。

究竟这个允许的尺度该如何把握？

✳ 不管孩子犯了多大的错误，我们都应该先允许再沟通

不允许就必生情绪，有情绪就会影响沟通，为了能够更好地与孩子沟通，我们也必须先允许——先接受孩子的错误。事实上，无论孩子犯了多大的错误，我们都必须先关注孩子的感受，先接纳孩子的情绪，先肯定孩子起情绪的原因，在任何时候，沟通的方法和程序都是一样的，只有先做到这些，接下来才能好好地跟孩子讲理。

其实对于孩子来说，犯的错误越大，他内心的压力就越大，他要面临被批评、被惩罚，其内心的压力绝对比父母要大，如果这个时候父母不成为他的支撑，又站在了他的对立面，那对于孩子来说是无法承受的。这个时候孩子可能会用更嚣张的态度来应对你，因为只有外表的嚣张（纵然此刻他的内心是虚弱的）才能和外界的压力进行对抗，而这种态度必然使沟通无法愉快进行。

所以，为了能和孩子好好地沟通，使他能够认识到自己的错误，我们必须先允许再和孩子沟通。

❋ 允许孩子的所有一切，但允许不代表不惩罚

孩子是父母的，那么无论孩子是好是坏，父母都得接受，如果你只能接受孩子的好而不能接受孩子的坏，那你只能把孩子分裂成两半。所以无论孩子犯了多大的错，哪怕是比打架更严重的错，父母也得接受。孩子生命中所遇到的所有好与坏、顺与不顺，父母都得全盘接受，唯有接受才能得到平静与和谐。父母想一下，如果是你自己犯了错，是不是也得先接受，不接受自己的内心就会很痛苦，对于客观存在的、已经发生的事情不管我们多么不希望看到，比如天灾人祸，我们都得先接受，然后才能去想解决办法。

对于孩子的错误也是如此，唯有接受，唯有允许它的存在，才能让你和孩子都先平静下来。这时候的允许是对孩子最好的爱，在批评和惩罚孩子之前先让他感受到父母的爱，他才有更多的心理能量去接受批评和惩罚。所以说，允许孩子犯错，但不代表不

批评、不惩罚他，错了就是错了，父母再能体会他的感受，也不能免了他的惩罚，做错了事情就该付出代价，就该去承担后果。但是，在我们接受了孩子的错误并与孩子共情以后，孩子往往能够心平气和地接受父母的批评和惩罚，他并不会因为父母批评和惩罚了他而对父母心生怨恨。所以说，对的沟通方式会让孩子和你的心越来越近。

这里我想到一个案例，歌手齐秦在少年时曾经因酒后闹事被送到少管所管教三年。齐秦的姐姐齐豫很平静地接受了弟弟犯这么大的错这个事实，三年间经常到感化院看他，齐秦非常感动，发誓要痛改前非，后来齐秦浪子回头成为了一名优秀的歌手，一直都与姐姐的感情很好。姐姐在这里使用的就是允许这个沟通方式，接受这个不好的弟弟，允许弟弟犯错，不义愤填膺地去教训他，用自己的关心和爱护去守护弟弟，终于影响到了弟弟的行为。这样的沟通方式比严厉的指责更管用。

所以说，允许有神奇的力量，不允许是推开孩子，允许是拉近你与孩子之间的距离，你不允许孩子的各种行为，孩子也不允许他的心听你的话，这就是沟通，心与心的交流才是沟通。允许是你先给孩子一颗温暖的心、包容的心，那么孩子也愿意回馈给你一颗这样的心。

允许的内容4：
允许孩子与其他孩子之间的差异

人与人之间的差异是与生俱来的，即便是一对双胞胎小孩，智商和情商也不同，喜欢和擅长的东西也不同，所以，差异也是一种客观存在，允许孩子之间存在差异是情理之中的事。但是，父母却不太能接受自己的孩子与其他孩子之间的差异。

"儿子，你的学习成绩一直不是很好，和其他同学比差远了，得好好努力。"妈妈说道。

儿子却不以为然："妈妈，虽然我的学习成绩不是最好的，但我体育成绩很好，每次都是全班第一名呢。"

"体育成绩再好有什么用，重要的是学习成绩好，才能和别人一样考上一个好的中学、大学。"

"妈妈，就算我不能考上一个好的中学、大学，我可以做一个优秀的运动员呀！"

"运动员？运动员有多吃苦你知不知道，那么多运动员有几个能当上世界冠军的，当不上世界冠军的运动员又有什么意义？可学习就不同了，只要你努力学习，基本上都能考上大学，所有的孩子都读大学，你不读怎么行？"

儿子听到妈妈这样说，不吭声了，他在想："我只能和别人一样，必须学习好，学习不好就没有出路了吗？"

大家的目标都是努力考大学，你的目标怎么可以是运动员呢？别人学习那么好，你怎么能不好呢？在这位妈妈的内心深处，接受不了自己的孩子与其他孩子的不同和差距。虽然儿子在体育方面有特长，但因为学习成绩不如其他孩子，就不值得令妈妈高兴。而孩子呢，因为妈妈不接受他和其他孩子之间的差异，所以也不快乐。不允许差异的存在，使父母和孩子都不快乐，这只是不允许差异存在的后果之一。

生活中还有更多的各式各样的不允许差异存在的情况：

孩子喜欢弹吉他，父母却说："不要报吉他班了，现在流行学钢琴，大家都在学钢琴，你为什么要学吉他？"

孩子性格内向，不善言谈，父母教育孩子："你嘴怎么这么笨啊，见了人一句话都不会说，你看看邻居家的小姐姐，嘴多甜。"

孩子考了第三名本来很高兴，父母却说道："不要得意了，你看看杨阿姨家的孩子，年年都考第一名，你要向人家看齐。"

孩子性格开朗，为人热情，老师和同学们都夸他，父母却说："他呀，也就是善于和他人相处罢了，其他方面都是不行的。"

孩子画了一只与众不同的狗，父母一看，立刻笑话道："这画的是什么啊，哪像小狗，简直是四不像，你要和书上画的一样才行。"

……

类似的对话还有很多，这些对话向我们呈现了父母的同样一种心态：不允许孩子与其他孩子有差异，总是拿自己的孩子与其他的孩子相比。与其他孩子不一样的，不允许；不如别人的，也不允许；有自己独特想法的，更是不允许。我们可以想象一下，当这些不允许说出口之后，孩子的心情和反应会是怎样的？首先心情肯定是不开心的，自己喜欢的不被父母接受，自己擅长的不被父母认可，自己不如别人的地方常常被父母拿来强调、对比，任谁也开心不起来。在这种不开心之下，孩子通常有两种反应，第一种是顶嘴——我怎么了？我就这样！第二种则是沉默不语——我不如别人，我没办法令父母满意，我不是个好孩子。而顶嘴和沉默都说明沟通出现了问题。

不允许差异的存在，再次造成了沟通的不畅。

父母为什么不能接受自己的孩子与其他孩子之间的差异呢？这和中国的国情有关。

首先，大多数的中国人认为活得和别人一样，过上和别人一样的生活更有安全感，因为那是一条他人已证明的安全的路。比如大部分的孩子都通过求学深造谋得了一份安稳的工作，过上了较为稳定的生活，这是一条安全的路，所以父母也希望自己的孩子走这样的路，一旦孩子的行为和这条路有所背离，父母便没有了安全感。父母认为少数人走的路很难成功，所以就算孩子在其他方面表现不错，但在学习方面和优秀的孩子有差异，父母便会不允许。

其次，中国的传统教育不太能接受个性、独特或不同，我们的传统文化也不欣赏特立独行的人，这使得有独特个性的人生存空间比较小，在这样的大环境中，中国的父母也不太能接受自己的孩子和其他大部分孩子的不同之处。比如，不太能接受孩子有与众不同、天马行空的思维，而希望孩子的思维是中规中矩的。

最后，父母看待孩子的眼光过于狭隘。父母不能综合地、宏观地去看待孩子的成长，而只是看到孩子这一方面或这段时间与其他孩子的差异。还有就是对孩子期望值过高，希望孩子每个方面都能比其他孩子强，最起码也要和其他孩子一样，尤其是大家都追逐都看中的方面，比如学习方面，否则就无法接受。

这多种心态交织在一起，就造成了父母很容易对孩子与其他孩子之间的差异不允许，而这种不允许又造成了父母和孩子之间的沟通出现了很多问题，孩子会觉得委屈："我就是我，我怎么可能和别人一样？"或者"我就是不如别的孩子，但这就是我啊，你不接受，我也不能变成你喜欢的样子。"而父母也会对这样的孩子感到失望。

该怎么改善这一状况呢?

✳ 不拿孩子与别的孩子进行比较

比较是差异存在的原因，没有比较就没有差异，在每个孩子的成长过程中，最不喜欢听到的大概是这句话："你看谁谁谁家的孩子，你再看看你!"比较让每个孩子都备受伤害。可是我们中国的父母喜欢比较，但又不能接受自己的孩子在比较中落后，在比较中有不同。但其实，比较是没有意义的，因为每一个孩子都是立体的、多面的、独一无二的，有自己的特点和特长，也有自己的缺点和不足，有天生的资质的不同，也有后天的成长环境的不同，这使得孩子与孩子之间没有可比性，要比也是拿孩子的综合素质来比，而不能拿孩子的某一方面与其他孩子的某一方面比，更不能拿孩子的劣势跟其他孩子的优势比。

父母拿自己的孩子与其他的孩子比较，其实就是对孩子的一种不认可、不接受，但往深里说，是父母对自己的不认可。因为孩子是父母的作品，孩子身上有父母的基因，也是父母教育的结果，那么你对孩子的不认可不就是对自己的不认可吗?而且，既然孩子是作品，那每个作品的风格是不一样的，必然存在差异，为什么一定要抹杀这种差异呢?

所以，不拿孩子与别的孩子进行比较，是父母对孩子最好的爱，允许孩子与其他孩子之间的差异，先接受，才能帮助孩子去改善。

✳ 学会欣赏孩子，不能欣赏的地方也要允许它存在

不允许来自不欣赏，尤其是不懂得欣赏孩子身上的独特，如果每个孩子都是一样的，那世界该是多么无趣，孩子长大后又该如何在每个领域绽放自己的光彩？所以，差异才是孩子对这个世界的贡献，才是孩子存在的价值。学会欣赏孩子，允许他走自己想走的路，允许他与众不同的想法，允许他有某方面不如其他孩子，允许这一切才能激发出孩子的想象力和创造力，那么对于孩子的成长才是更有利的。当然，孩子身上可能也有无论如何你都欣赏不了的地方，对于这些我们也要学着接受，因为孩子是一个整体的人，你接受他的这一面就必须接受他的另一面，对于客观存在的东西，如果我们改变不了，就只能用一种平和的心态去接受。

孩子与其他孩子之间的差异并不是问题，父母是如何看待这些差异才是问题，是否允许差异的存在才是问题。当你允许了这些差异的存在，可能很多问题都消失了，你不再总是对孩子感到不满意，而孩子也不再总是感到委屈，你和孩子之间实现了爱的流动，交流和沟通就变得简单和容易了。

允许的内容 5：
允许孩子慢慢成长

　　成长是一个缓慢的过程，对任何一个人来说都是如此，改变自身的不足，追上优秀的步伐，都需要一个漫长的过程，尤其是孩子，他们还是幼苗，要成长成一棵苗壮的树需要很长时间，所以我们必须允许孩子慢慢成长。不过现实中有些父母却不允许孩子慢慢成长，他们总是急于求成，恨不得孩子一天就变好，立刻就变得优秀，他们看不得孩子慢慢来，这，也造成了亲子关系的紧张和沟通的障碍。

　　"说过多少次了，这个缺点怎么总是改不了呢？"

　　"补习班都上了一个月了，怎么学习成绩还是没进步呢？我都急死了，你倒一点都不着急。"

　　"这一次不说了，下一次数学必须考到 95 分，名次必须提高 20 名！"

"让你拖个地你就把水洒了一地，一点小小的事情都做不好，还能干啥？"

"这个电脑不是跟你说过很多次了吗？怎么还是不会用呢？"

在孩子的成长过程中，我们总是容易着急，着急孩子没有马上改掉缺点，着急孩子不能马上进步，着急孩子一点点小事都做不好，着急孩子不能快速学到新技能……在父母的心里，恨不得孩子明天就能够脱胎换骨，立刻变成一个优秀的、什么都会的、每天都进步神速的完美孩子，但这是不可能的。

世间万物生长都是一个缓慢的过程，人类的胚胎孕育都要10 个月呢，我们不能因为不允许它太慢让它提前从人的肚子里出来，那就会扼杀它的生命。孩子的成长也是如此，每一个缺点的改变，每一个细节的成长，都是慢慢的，一天改变一点点，可能这一点点我们都察觉不到，所以常常以为孩子没进步，其实量变才会引起质变，给孩子时间，允许他慢慢来，才会看到孩子带给你的惊喜。

而不允许孩子慢慢来，一次次着急地催促孩子、指责孩子，孩子不见得就能成长得更快，反倒会觉得父母总是给自己压力，心生不快，没有舒适的心情，不但不利于沟通，也不利于他以一种轻松的心态去做事情。

人类也是一种生物，每一种生物都有它的生长规律和节奏，我们如果不尊重它的规律和节奏，就会破坏它的成长。

我家里种了一棵橡皮树，我喜欢观察橡皮树的成长过程，我发现一片叶子的最初只是一个像米粒一样的幼芽，然后一点一点经过好多天才会长成一个细细的、长长的芽，然后又经过好多天，这个细细长长的芽开始变粗，接着裂开成为一片小小的嫩绿的叶子，这片小叶子又要经过好多天才能长成一片厚厚的、大大的、黑绿色的成熟叶子，这个过程要经过一个月左右的时间。

这个过程让我联想到事物的成长都需要一个漫长的过程，这个过程一点都不能急，但是有一次我却着急了。

有一次我看到橡皮树的一颗芽长得很慢，好多天没有任何变化，而芽的外面包裹着一层薄膜，这层薄膜是随着芽一起长出来的，应该是保护幼芽的，芽长大后它会自行脱落，但我看这颗牙长得很慢就有点心急，于是把这颗芽外面的薄膜给剥掉了，结果这颗芽就停止了生长，一直到两三个月以后，这颗芽才又慢慢开始生长，而和它同期长出来的芽都早已长成大叶子了。

这就说明，我们必须尊重一个生物的成长过程，允许它慢慢成长，不能急于求成，尤其不能用外力打乱它的节奏，否则就像"揠苗助长"一样，它可能会停止生长甚至枯竭死亡。世间万事万物的成长规律都是类似的，孩子的成长也是如此，我们不能因为不允许他慢慢来而不停地唠叨他、埋怨他、指责他，这就是从外界给他施加压力，但这可能会破坏他的成长环境，让他因无法适应环境而枯萎。

所以对待孩子的成长不能像我对待橡皮树那样撕掉他的保护膜，而是要每天关注他，看他是不是需要松土、施肥、浇水、晒晒阳光，适时给他所需要的东西，然后静静地等待他慢慢成长。作为父母能做到的唯有这些，也必须做到这些。

因为允许孩子"慢慢"成长，孩子的心里就没有压力，他可以以一种舒服的姿态，按照他的方式、他的节奏慢慢地成长，这样成长起来的孩子是健康自然的，而在太多的外界压力下成长起来的孩子心理可能是扭曲的。

为什么说允许孩子慢慢来，孩子反而成长得更好甚至更快呢？

＊允许孩子慢慢成长，父母才能用平静的心态和孩子沟通

不允许总会成为沟通的障碍，看不得孩子慢慢成长，父母的心情就焦躁起来了，和孩子说话的态度和语气就带着情绪，那么孩子就会排斥你的沟通方式，进而会排斥你的沟通内容，这是不利于孩子变好的。所以，先接受孩子的缓慢成长，让你的心情先平静下来，心平气和地与孩子沟通，帮他出谋划策，他才会接受你的沟通，并听从你的建议。

这就是我们说过的，越允许，越容易沟通。

＊允许孩子慢慢成长，孩子才能在一个舒服的心理空间里成长

孩子的成长是需要空间的，这个空间包括时间、环境，但最重要的是心理空间。用不允许逼迫孩子快点成长，孩子的内心也会感到焦躁不安甚至是愤怒，他会觉得父母爱的不是这个慢慢成长的真实的我，而是未来那个会变好的我，但如果未来我变不好，父母就会对我更加失望、更加指责，在这样的心理压力下，孩子是没法轻松地学习和生活的，那么他的成长必然会受影响。所以，允许孩子慢慢成长，就是给孩子一个最舒服的心理空间，让他以轻松的姿态做事情，以轻松的姿态和父母沟通，以轻松的姿态生活在家庭、学校等环境中，孩子越轻松，做事情的效率就更高，那么他成长的速度就更快了。

越允许，事情越是会朝着你期待的方向发展，这就是允许的力量。

允许孩子慢慢成长是遵循事物发展的规律，也是遵循沟通的规律，更是爱孩子的最好方式。台湾著名作家龙应台也曾为此写过一本书——《孩子，你慢慢来》，书中向我们传达的观点就是要允许孩子慢慢成长：孩子你慢慢来，跌到了再爬起来，妈妈不催你，也不着急，你用你的步调、你的节奏和你喜欢的姿态慢慢来，妈妈会默默地关注你，给你喝彩和加油。

沟通小知识

允许是比包容和接纳更高的境界

允许可以理解为包容和接纳，但这样理解似乎又不够准确，允许虽然和包容、接纳一样都是要接受自己不太满意的人和事，但允许却比包容和接纳的境界更高。

包容和接纳的意思是我知道这件事情是错误的或这个人是不够好的，但我有宽广的胸怀和容人的雅量，所以我能够包容、能够接纳。

而允许的意思是我不去判断这件事情是错是对或无论这个人是好是坏，我允许它（他）以它（他）本来的样子存在，不勉强它改变，不去和它做抗争，它就像这世界上的任何一个客观存在一样，存在就是合理的。

简单的区分就是，包容和接纳有把错误放在心里之意，但允许是完全不会把这件事放在心上，就心境来说，允许更轻松、更坦然、更豁达，更容易产生内心的和谐，也更容易与这个世界和谐相处。

这或许就是允许能够在沟通中产生神奇效果的原因，一允许，天地万物都和谐了，何况父母和孩子之间的关系。

所以说，允许不仅是一种沟通方式，更是一种生活态度，它是一条处理亲子关系的捷径，也是解决我们与这个世界的矛盾的良方。允许让矛盾消失，允许让我们和他人狂躁的心都安静下来。

包容和接纳是有度的，当包容的东西太多或包容了太久的时候，人会感觉到累，可能就无法包容了。但允许是没有限度的，一切已经发生和存在的事物都可以允许，没有允许不了的事情和允许不了的时候。当孩子的一切都能被父母允许的时候，还有什么不好沟通的呢？

所以允许是比包容和接纳更高的境界。

允许也是管理情绪的一个好办法，一旦允许，内心就平静了，与孩子说话的口气就温和了。允许是先让自己的内心变得轻松和快乐，无论孩子改不改变，当父母的内心快乐了，就更有耐心去对待孩子。

除此之外，允许也是内心强大的象征，允许的人不容易愤怒，不但不容易否定他人，也不容易被他人的否定激怒，因为他们允许别人否定自己。所以，一个能够做到允许的父母，与孩子之间的关系是很容易和谐的。

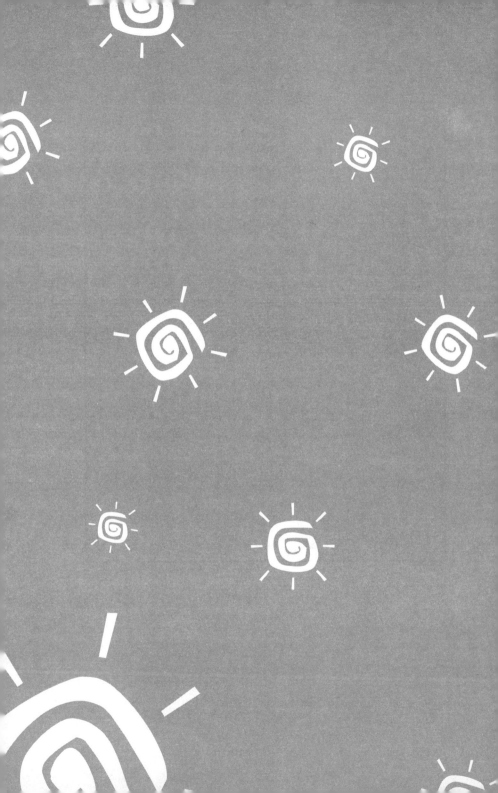

第七章

影响
最智慧的沟通方式

有一种沟通方式无需太多的语言，它只需默默地做或寥寥几句话就能把问题解决了，这种沟通方式就是影响。影响孩子发生变化能够有效地避免因沟通而与孩子产生的摩擦，因为影响从不勉强孩子改变，却会允许孩子犯错，然后用恰当的方式慢慢影响孩子发生变化。

影响是最智慧的沟通方式

我们已经说了五种沟通方式，从浅到深，从易到难，循序渐进，基本上做到第五步，你就经是一个沟通的高手了，但是，就如真正的高手总是深藏不露一样，最厉害的沟通高手也很少"夸夸其谈"，而只需用一种无形的招数就将问题解决于无形之中，这一招就是——影响。

以前我不知道什么是影响，而在学习了沟通之后我才知道，我也曾被"影响"过。

上学的时候，每到星期六和星期天我总爱睡懒觉，一觉能睡到 10 点多。妈妈对我这个习惯特别不满意，总是一遍又一遍地叫我起床，这弄得我很烦躁，而她也很生气。但纵然这样，我也没改变睡懒觉的习惯，因为我觉得平时早起很辛苦，好不容易到了休息日，为什么就不能让我睡个懒觉呢？

妈妈见叫我起床无效，就不再管我了，我心中窃喜，终于可以好好睡懒觉了！

　　但是不知道从哪一天开始，每到周末的早上，妈妈就开始大张旗鼓地在厨房做早餐，还总是做我最爱吃的东西，那香味飘到我的房间来，让我无心睡眠。同时，妈妈还播放动听的音乐，我本来不想起床，可美食的香味儿、动听的音乐让我彻底睡不着了，尤其是肚子饥肠辘辘，于是我主动起床了。渐渐地，我没有了在休息日睡懒觉的习惯。

　　妈妈用的沟通方式就是影响，不过我那时候并不知道这是影响，恐怕妈妈也不知道她这种方式叫做影响，但是她却这样做了。因为她知道语言已经不管用了，必须用一种更智慧的办法来达到她的目的，而我在不知不觉间就着了她的道儿。

　　这就是影响的力量，无须语言，无须批评和指责，不会和孩子发生冲突，孩子也不会抵触，还会不知不觉地自动配合，不能不说，这才是最智慧的沟通方式。当其他沟通方式都不奏效的时候，不妨用用这种沟通方式；当你是一个不善表达的父母的时候，不妨使用这种沟通方式。这种沟通方式一定比其他沟通方式效果更好，为什么？因为它满足了三点：

　　第一，它放弃了指责和说教。

　　影响没有指责，因为影响的前提就是允许，先接受孩子有某个不好的行为或者习惯，然后再用各种方法去影响他。影响并非完全没有语言上的沟通，但即便是语言沟通也是积极的、幽默的语言，完全没有说教的意味，所以孩子愿意听你的话。放弃了指责和说教的沟通方式，孩子完全不会有抵触情绪，只会在你的引导和影响下不知不觉地配合你的行动。

第二，它会让孩子在不知不觉间发生改变。

影响是在不知不觉当中影响孩子的，所以孩子不会有被影响的感觉，更不会有被迫改变的感觉，父母做的一切事情都是自然而然的，而孩子的改变也是自然而然的，连自己都没有意识到自己已经改变了。比如当初我妈妈并没有特意告诉我"做好吃的早餐、放好听的音乐都是为了吸引你起床"，我压根就不知道妈妈这样做的意图，即便是我有了改变之后也不知道，意识到这一点是在很多年以后了。

第三，这种改变是主动的。

因影响而改变是主动的，而且是愉快地主动去改变。没有了指责和说教，父母放弃了刻意的、过于直接的沟通方式，而改为间接的沟通方式，用行为、环境、语言和"身教"的力量去影响孩子，让孩子在不知不觉间自发去改变，或自发去模仿父母的行为，没有丝毫的不情愿的感觉。

综合以上几点就足以说明，影响的效果往往更好，它有一种"四两拨千斤"的作用，它不直接在孩子身上做名堂、下功夫，但却在孩子身上发生效用，用武术方面的术语来说，它是"隔山打牛"。

但是，父母如果想让影响发挥作用，还必须遵循这两个原则：

✳ 一定要先允许

影响为什么能够很好地发生作用，是因为影响是先允许孩子当下不太好的做法，然后再通过影响慢慢使孩子主动发生变化。这和改变是不同的，改变是不允许孩子当下的做法，试图通过语言和行为使孩子马上发生变化，显然这是孩子不大可能做到的，所以改变孩子往往很难。那么想要影响孩子发生变化就不能这样，就必须先允许、接受孩子当下的做法，那么随着时间的推移，也许不需要父母做什么，孩子就会发生改变，因为任何事物都是在发展的，孩子本身也会发生许多变化。如果在这个过程中，你再通过一些方法去影响他，那么他的变化是必然的。

✳ 影响的效用可能会很慢

影响是让孩子主动发生变化，那么变化的主动权是掌握在孩子手里的，他什么时候开始有变化、什么时候能变好都是未知的，甚至，如果你影响的方法不对的话，他可能暂时没有任何变化，需要你调整影响的方法然后再去等待他发生变化，那么这个过程可能是很长的，父母必须有耐心，这就又和允许有关了——允许孩子慢慢成长。影响发挥的作用是潜移默化，是"隔山打牛"，并不是直接发力、快速起作用，所以效用可能会很慢，但是效果却是很好的。

影响的方法从形式上来说有四种：行为、环境、语言、身教，这四种方法放弃了语言上不厌其烦的沟通。在孩子眼里，父母好像什么都没有做，但却让他在不知不觉中发生了变化，而且这种变化很少再有反复，因为它会对孩子的潜意识发生影响，一旦潜意识受到影响了，他的某种行为或习惯就会根深蒂固了，所以才说影响是最智慧的沟通方式。

影响的方法1：
不纠正孩子的错误，而是培养他的正确

什么是不恰当的沟通方式？当孩子有了你不满意的地方时，你忍不住去批评他或忍不住去替他做，这两种方式都是错误的，因为这都是一种"纠正"，纠正的意思就是说：你错了，我要改变你，这就会给孩子带来不舒服的感觉。如果我们放弃这种做法，不去纠正他的错误，而是去培养他的正确，那么给孩子带来的感觉和效果都是完全不同的。

比如孩子有粗心大意、不爱收纳这个毛病，我们如何去培养他正确的做法呢？

爸爸第二天要出差，他把儿子叫过来："来，帮爸爸一起收拾行李。"

儿子过来了，电脑、衣服、洗漱用品、充电器、常用药、文件、机票……他一样一样地帮爸爸找东西、递东西，又帮爸爸收拾好。

收拾得差不多了，爸爸又问儿子："看看还有什么遗漏的，帮爸爸想一想。唉，爸爸年纪大了，记性不好了。"

儿子听到爸爸这么说，连忙帮爸爸想。

收拾完之后，爸爸告诉儿子："明天别忘了提醒爸爸按时起床哦，如果爸爸起晚了，飞机可是不等爸爸的哦。"

家人一起去旅游的时候，爸爸说："我们各自收拾自己的行李，看谁收拾得好，你若收拾得好，爸爸有奖励哦。"

儿子一听，立刻高兴地去收拾自己的行李了。但是，他其实不怎么会收拾，东西放得乱七八糟的，该拿的也没有拿，但爸爸并没有理会这些，只是提醒儿子："多检查两遍哦，如果出门了才想起忘了什么东西，那可就麻烦了。"

儿子连忙又检查了两遍，爸爸一直在旁边默默观察，整理得好的时候，他连忙夸两声，整理得不好的时候，他就当做没看见。

可能在生活中，许多父母做不到这样——当看到孩子做得不好的时候，不去纠正、不去替他做，但纠正和帮忙会让孩子感觉到：我不行，我做不好，只有父母能做好。而且父母在替孩子做的同时还会伴有指责和抱怨："你怎么这么笨呢，一点小事儿都做不好。"这样的沟通方式足以毁掉孩子的自信。

所以，不如我们不去纠正孩子的错误，就像案例中的爸爸一样，看到孩子做得不好的时候，默不作声，只要他的错误不会带来严重的后果，错了又何妨。然后找机会培养孩子怎么把这件事做得正确，比如案例中的爸爸让儿子帮自己收拾行李。注意，这一点很重要，父母不帮孩子做，但让孩子帮自己做，甚至父母会说："哎呀，我做不好，你快帮帮我。"这是让孩子从这件事中得到成就感和快乐感，他会觉得："原来爸爸也做不好，我还可以帮到他。"孩子帮父母做的同时既学习了怎么把这件事做好，又培养了自信，而且这些都是在不知不觉间进行的，孩子没有感觉到爸爸在教他，反倒认为他是在帮助爸爸。

这其实是人与人在沟通与相处中很重要的一个学问：不要总是把对方置于错误的境地，而要把正确让给对方。如果一个人总是待在错误的境地中，他会很没有存在感，他的价值感也会很低，同时他也不会喜欢带给他这种感觉的人。

所以，不去纠正孩子的错误，而去培养他的正确是影响孩子慢慢变好的方法之一，但是，怎么样才能做到这一点呢？

✱ 父母要放下自己无所不能的心态

父母在孩子面前会不自觉地有这样的心态：我什么事情都会，我什么事情都能做好，而你（孩子）很多事情都是做不好的，所以我必须要帮助你，并把这种帮助视为批评和纠正。当父母认同自己是强大的、无所不能的神的时候，就很容易对孩子的一切指手画脚，尤其是看到孩子做得不好的地方不能容忍。但其实，孩子只是孩子，他做不好是正常的；而父母是成人，做得好是必须的。你不能用你必须做到的事情去要求孩子不必一定做到的事情，这是不公平的。孩子做得不好是正常的，你为什么不能允许一件正常的事情？

所以，父母必须放下自己"无所不能"和"好为人师"的心态，虽然父母是孩子最好的老师，但看到孩子表现得不好就去批评和指责，这并不是最好的老师和最好的教育方法，最好的教育方法是影响。就算父母在孩子的心目中是万能的神，但神是来度化孩子的，而不是来打击孩子的。度化其实也可以理解为影响，即用一种柔软的、润物细无声的方法帮助孩子成长。假如父母能有这样的心态，就不会总是想去纠正孩子的错误。

✳ 忽视孩子的错误，强化孩子的正确

不纠正孩子的错误，并不代表父母对孩子的错误视而不见，只是我们不想去强化孩子的负面心态，我们要强化的是孩子的正面心态，即他做得好的时候，我们要给他表扬和鼓励。比如孩子忘东西了，我们不要去批评他，保持沉默或者淡淡地说："忘了就忘了吧，下次记得就行了。"而当孩子记得带东西了，我们就要马上表扬他："真细心，真棒！比妈妈都细心。"

这其实就是在强化孩子细心的心态，让他自己忘了他是个粗心大意的孩子，只记得他是个细心的孩子，当他在潜意识里认为自己是个细心的孩子的时候，他的行为就会向他的潜意识靠近。这其实也是一种心理暗示，父母总是对孩子说什么，孩子的潜意识就会受到你的影响。

所以，让孩子离开错误的好办法，并不是直接在他的错误上大动干戈，而是让他学会正确，那么错误不就消失了吗？假如缺点、错误等是孩子身上的一个肿瘤的话，直接割掉这个肿瘤孩子会痛，但如果我们可以找到一个方法让这个肿瘤一点点变小、一点点消失，那么孩子是不是就没有痛苦了呢？

同样是让孩子发生变化，用痛的方法当然不如用愉快的方法，这个愉快的方法就是影响。

在与孩子的沟通中，如果我们的注意力总是集中在孩子表现不好的地方，而且总想去改变他，那么你和孩子之间的关系就会变得异常紧张，你会忍不住总想"攻击"孩子，而孩子也要耗费心力去抵挡你的攻击，甚至反过来会攻击你，那么父母和孩子都会很累，最重要的是，它伤害了父母和孩子之间的感情。

所以，让我们放弃总想去纠正孩子的错误的错误做法，而改为用行为去影响孩子。

影响的方法 2：
给孩子一个合适的环境

我们都知道，一个人的成长环境会对他产生潜移默化的影响，这种影响是根深蒂固的，会形成习惯、性格、气质、内心喜好等，如果我们希望孩子去做一件什么事情或者成为一个什么样的人，去给他这样的环境就好，而不必费尽心思去和他沟通、去教育他。但是我们的一些父母常常忽视了这一点，他们不去给孩子营造环境，却常常教育孩子"你怎么这样呢，你怎么那样呢？"比如父母最重视的孩子的学习问题。

现在的孩子是越来越静不下心来学习了，但原因并不全在孩子身上。我观察过很多家庭的孩子，当他们在学习的时候，他们还惦记着电视、手机、上网等等，还有一些孩子，他们在做作业的时候，他们的父母正在看电视、玩手机，电视和手机的声音还有父母嬉笑的声音让正在做作业的孩子如坐针毡。而这时，父母一旦看到他们没有用心做作业，就会教训他们："干吗呢？能不能认真一点！"而孩子可能会很不情愿地撇撇嘴。

有许多父母抱怨现在的孩子不爱学习、不爱读书，可是看看家里除了有限的几本儿童读物之外都没有其他的书，父母从来都不看书、不学习，却一遍一遍地教育孩子："看书去、写作业去，别光想着玩。"有许多家庭里都有衣帽间，却没有书房，还有一些家庭里连书柜都没有。父母有空的时候会带孩子去吃好吃的、去游乐园，但是去图书馆的很少。

这是我在生活中观察到的一些现象，相信这些现象父母们一定很熟悉。我们知道，要想做好一件事情是有条件的，其中很重要的一个条件就是环境，不给他创造一个合适的环境和氛围，却只是言语上和他"沟通"："你得好好学习啊！你成绩不好，爸爸妈妈很心焦。"纵然这样述情，孩子也可能是心有余而力不足。一是虽然你说得语重心长，但孩子并不以为然："从来没见过你们学习，只会教育我好好学习。"二是他想好好学习，却总被家里的各种因素干扰，无法安心。我们中国有"书香门第"这个词，一代一代都是读书人，不就是上一代为他创造了读书的环境和氛围吗？

我们说的环境的范围很宽广，比如说你想让孩子变勤快、学着独立，就不要大包大揽替他做很多事情，给他创造一个让他自己去做的环境；你想让孩子早睡早起，那么晚上就不要看电视到深夜，给家里创造一个安静、宜睡眠的环境；想让孩子锻炼身体，就帮孩子买好漂亮的运动服、跑鞋及羽毛球、足球等，刺激他的运动欲望……所谓环境上的影响就是放弃语言上的说服，给他创造一个更适宜去做这件事的环境，让孩子有机会去做这件事、有欲望去做这件事、有氛围把这件事做好。

如果这些父母都没有去做，只是一厢情愿地想让孩子把什么毛病都改掉，变得越来越好，那结果多半会让自己失望。因为人都是有惰性的，尤其是孩子，而语言上的沟通不足以赶走他的惰性。我们成人都有这样的经验，今天晚上告诉自己早点睡，但不知不觉间又玩手机到深夜，所以最好的办法是把网络关掉。

我一个同学的儿子，才8岁视力就特别差，但他又喜欢看电视、玩爸爸妈妈的手机，同学和儿子沟通过很多次，说你不能多看电视、多玩手机，你的视力已经很差了，妈妈很担心你的眼睛。当时跟儿子说的时候还有效果，可是过不了多久，儿子就忍不住去开电视、摸手机。同学和老公商量后，首先断了家里的网络，电脑、手机都不能上网了，然后把各自的手机换成了没有上网功能的非智能手机，过了一阵儿，他们又停掉了家里的有线电视，于是儿子再也没机会看电视、玩手机了。虽然儿子不能看电视有点不高兴，但看到爸爸妈妈为了自己的眼睛也不能看电视、用智能手机，也就理解了爸爸妈妈的良苦用心。坚持了一段时间以后，儿子对看电视、玩手机也不是很有兴趣了，每天除了学习就是看看儿童书籍，眼睛的视力也在慢慢恢复之中。

如果道理孩子也明白，父母的感受孩子也能体会到，但是他的行为仍然无法发生变化，那么缺的就是影响这个环节。虽然我们讲了如何去表达、如何与孩子共情、如何允许孩子慢慢成长，但这些方法不是万能药，如果仍然不能使孩子达成行动，那么我们就必须使用影响这个方法。

环境的影响是孩子无法拒绝的，因为他必须生存在这个环境中，但是父母不能忘了自己也是孩子的环境，你的一言一行、一举一动都会对孩子产生深刻的影响。比如你想让孩子爱上学习、喜欢读书，那么晚上孩子做作业的时候，你也可以拿本书静静地读，你也可以在业余时间去学习、去深造，可以给家里布置一个美丽的书房，弄一个美美的书柜，创造一个读书的意境，有空就坐下来读读书，那么对孩子就会产生实质的影响。

有了行为和环境上的影响，父母不需要再对孩子多说什么，一切尽在不言中，孩子的行为也会向环境靠近，因为人都有适应环境的本能。比如你把家里其中一个房间装修成书房，孩子就会在里面读书，但如果你把这个房间装修成健身房，那么孩子就会在里面锻炼身体。

你想让孩子做什么，就给他创造什么样的环境，然后什么都不必说，甚至什么都不必做，只需要静静地期待他的变化。

影响的方法 3：
做孩子心目中的"理想父母"

　　父母是孩子最好的环境，父母对孩子的影响力几乎超过一切因素对孩子的影响，"身教"的力量比一切的力量都强大。但现实中父母常常忽视了这一点，而只是抱怨孩子不听自己的话、在沟通中总是和自己发生冲突，却没有想过，其实是父母本身对孩子没有说服力——你不够好，却希望孩子越来越好；你不懂得如何沟通，却总抱怨孩子不好好与你沟通。其实问题不光出现在孩子身上，也出现在你的身上。

　　如果我们仔细去分析父母与孩子在沟通中产生摩擦的原因，除了沟通方法不够正确之外，还有一个很重要的心理原因，就是许多父母会在潜意识里将自己的孩子"理想化"：我的孩子是没有缺点的、不会犯错的，即便是有了缺点、犯了错误也是可以迅速改正的，我的孩子比别人家的孩子更优秀，我的孩子是近乎完美的。这样的孩子我们把他称作父母心目中的"理想孩子"。

但事实并非如此，现实中的孩子一点都不完美，与父母心目中的理想孩子有很大的差距，那么一旦父母发现现实中的孩子与心目中的理想孩子有落差，父母就会不接受、不允许，于是和孩子之间的沟通就会出现问题。假如父母心目中没有这个"理想孩子"的存在，只有现实中的孩子，而父母又能够接受现实中这个有瑕疵的孩子存在，那么父母对孩子就不会有那么多不满，所以说允许还是顺畅沟通的前提。

但这不是我们这里要表达的重点，我们的重点是：当父母在期待一个"理想孩子"的时候，孩子也在期待一个"理想父母"；当父母对孩子失望的时候，孩子也在对父母失望。父母总是期待孩子能成为自己心目中的"理想孩子"，但却没有想过自己是否是孩子心目中的"理想父母"？

这大概就是我们教育的一个误区：我们总是将焦点放在孩子身上，我们总是在思考如何教育孩子，却没有想过要开展自我教育。一个不懂沟通、不懂教育、自身尚有许多不足的父母如何"影响"孩子让他变得越来越好？

现实中这样的例子有很多：

A类父母：自己不看书、不学习、不进修，学历不高、工作一般、生活没追求、对自己的生活境况不满意却无力改变，只能要求孩子要听话、要学习好、要考上好学校，不能接受孩子成绩不好。

B类父母：文化素质较低，不懂教育孩子，也不懂得通过各种渠道学习，一旦对孩子不满就是训斥，严重者还会打孩子。

C类父母：这类父母文化素质虽然较高，对工作和生活有一定的追求，也会进行一定程度的学习，但对如何教育孩子、如何与孩子沟通并不甚了解，更不懂心理学，与孩子心目中的"理想父母"还有一定的差距。

这三类父母现实生活中都有实例，A类父母最普遍，我的身边大部分都是这样的父母，过着中庸却不太满意的生活，但没有能力去改变，只能寄希望于孩子。他们愿意为孩子付出，但对孩子的期望值比对自己的期望值要高，尤其在乎孩子的学习，认为学习是孩子唯一的出路，一旦孩子学习方面不甚如意，他们就会失望、不满。他们本身对孩子不会产生影响力，但因为自身的不足，孩子无法信服他们的说服和教育。

B类父母好像没有A类父母那么普遍，但是习惯用训斥的方式与孩子沟通的父母也很多。最近网络上出现一张妈妈怒扇女儿耳光的图片，看了让人触目惊心。如果我们再搜索一下就会看到许多这样的报道：3岁孩子摔坏杯子，爸爸怒扇女儿耳光；父亲送女儿上学，连扇女儿三耳光。可见，这些文化素质较低的父母，只知道用打骂来代替与与孩子的沟通。这类父母只会对孩子产生坏的影响，与孩子之间的沟通更是一塌糊涂。

C类父母的比例也很多，许多80后、90后父母自身文化素质较高，相比起前两类父母来说，他们愿意去学习，但是他们的学习投入更多的是在工作上，对如何教育、如何与孩子沟通方面的学习投入较少，或者想去学习但还没有找到合适的渠道。但这样的父母对孩子的期望值较高，也容易对孩子产生不满情绪，由于不是很懂得如何沟通，不理解孩子，他们与孩子心目中的"理想父母"有差距，对孩子产生的影响也是有限的，与孩子之间当然也不是很顺畅。

这三类父母都不是孩子心目中的"理想父母"，所以说，父母的表现也常常让孩子不满意，当孩子对父母不满的时候，也容易对父母产生情绪，而这就会影响父母和孩子之间的沟通。所以，我们不能只把注意力放在孩子身上，不要认为只要孩子表现好了就不会产生沟通上的问题，父母不够好，沟通依然会出问题。一个自身存在很多问题的父母和孩子沟通，有说服力吗？有能力与孩子沟通吗？所以，不能只期待孩子成为你心目中的"理想孩子"，你也得向孩子心目中的"理想父母"靠近，你在要求孩子变化和成长的同时，你也得变化和成长。

因为你的所有表现都会被孩子看在眼里、学在身上，都会对孩子产生诸多的、强大的甚至是一生的影响，与其费尽心思地去打磨孩子，不如把注意力放在自己身上，让自己变得越来越好；与其期待一个"理想孩子"，不如自己去做一个"理想父母"，影响孩子成为一个"理想孩子"。当然，就如这个世界上没有"理想孩子"一样，这个世界上也没有"理想父母"，所谓的"理想父母"其实是说父母也要努力让自己变得越来越好，越来越靠近孩子期待中的父母的样子。如果是这样，可能你就不需要费尽心思去和孩子沟通，孩子会在你的影响下变得越来越好。

那么，怎么努力去接近孩子心目中的"理想父母"呢？又如何让这一角色有助于你与孩子之间的沟通呢？

＊父母要不断地学习，不断地改善自己

学习不光是学生的事情，也是每个人一生的事情，尤其是父母，你要担负起教育孩子的责任，就必须具备相应的能力，但许多父母并不具备这个能力。一些父母自身在性格、习惯、文化水平、认知能力、沟通能力、处理亲密关系能力等方面都有不小的欠缺，那么该如何去教育孩子？这必然会影响你与孩子的沟通与相处。所以，父母必须不断去学习，不断改善自己，弥补自身的不足，当父母各方面都向好的方向转化时，必然会对孩子产生积极的影响。

＊问一问孩子，你心目中的"理想父母"是什么样的

我们经常对孩子说："爸爸希望你好好学习，妈妈希望你吃饭不挑食。"表达对孩子的希望不是坏事，这其实也是在向孩子传达：父母心目中的"理想孩子"是这样的。但是我们却忘了问一问孩子："你希望爸爸（妈妈）怎么做？"即孩子心目中的"理想父母"是什么样的。我们不能只要求孩子满足我们对他的期待，同时我们也得满足孩子对我们的期待，因为，不知道孩子心目中

的好父母是什么样的，我们就不知道该怎么做。

所以，我们要问一问孩子这个问题，这也是教孩子向我们述情。我们说过，述情是向孩子描绘了一条爱我们的线路图，那我们也要知道爱孩子的这条线路图，或许我们得到的答案是："我希望妈妈温柔一些。""我希望爸爸每天能早点下班。""我希望妈妈不要每天都盯着我的错误。"或者让孩子写一写：我心目中的好父母是不骂人、不发脾气、不唠叨、能多陪陪我……，当你听到或看到这些答案时，你才明白原来在孩子的心目中，自己也有这么多不足，那么你可能对孩子就多了一份理解，就知道沟通不畅的原因不单单是孩子的问题，自己也有很多问题，同时，你也知道了该如何去做才能改善这一切。

这也就是说，父母要尽量靠近孩子心目中"理想父母"的形象，当你有所变化时，你会发现孩子的言行和态度也在随之变化，这就是更好的父母带给孩子的影响。

＊ 不再用"理想孩子"来要求现实中的孩子

本书的开篇我们提到了一则视频，视频中的妈妈教训女儿："我心目中的孩子不是你这样的，我心目中的好孩子听话、不会和妈妈犟嘴、不会惹妈妈生气、不会让妈妈伤心。"可这话让孩子听了该多伤心啊——妈妈不喜欢我这样的孩子，她喜欢是她理想中的好孩子。这其实就是赤裸裸的"不允许"，不接受现实中这个不够好的孩子，用她心目中"理想孩子"的标准来要求现实中的孩子，这是许多父母与孩子之间产生冲突的重要原因之一。没有比较就没有伤害，拿现实中的孩子与自己心目中的"理想孩子"比较也会带来伤害，因为现实中的孩子永远达不到"理想孩子"的标准。这就好比跟自己的伴侣说："我心目中的好老公（老婆）不是你这样的！"那么接下来还能有好的沟通吗？不离婚就不错了。所以，这样的对比非常可怕，它会严重伤害亲密（亲子）关系。

你选择了你的伴侣，就必须接受他现实中的样子；那么，是你的孩子，你也必须接受他现实中的样子，你可以帮助孩子慢慢变好，但你必须接受他的不好。所以，别再用"理想孩子"来要求现实中的孩子，那样会让孩子的心越来越冷。

要努力成为孩子心目中的"理想父母"与不要求孩子成为自己心目中的"理想孩子"似乎有点矛盾，这其实就是人与人相处的艺术中对人对己的不同，对己我们要从严，对人我们要宽松；对己我们要尽量改变自己的不好，对人我们要尽量接受对方的不好。当你这样做时，你会发现，你对孩子的挑剔越来越少，而孩子对你的满意越来越多，那么这时，你与孩子之间的沟通还会有问题吗？

影响的方法 4：
用积极的语言把孩子往你希望的方向推进

　　正确的做法会对孩子产生好的影响，那么正能量的语言也会对孩子产生积极的影响，这一点我们在讲述情的时候提及过，但那里我们是从述情的角度讲的，这里，我们从影响的角度来讲讲如何用积极的语言来把孩子往你希望的方向推进。

✴ 当孩子做了你希望做的事情时，要热情地表扬他

　　孩子平时做作业总是很慢，拖拖拉拉、磨磨蹭蹭，为这个问题你没少说他。突然有一天你发现他很快就把作业做完了，你感到很吃惊，说道："哎哟，今天太阳打西边出来了！"孩子听到这句话瞥了你一眼，心里想："看来我做作业快是不正常的，拖拉才是正常的，那么以后我继续拖拉好了。"

　　这就是一个不懂得语言的影响力的父母，说出来的话是充满负能量的，或许父母只是想表达一下吃惊的感受，但应该这么说："哎哟，今天做作业怎么这么快，我感到太吃惊了！"这是一个正常的表达，但其实这也不是一个最好的表达，最好的表达是：

　　"哎哟，今天做作业这么快，太棒了，给你100个赞！"孩子听到父母的夸奖，特别高兴，决定明天做作业还要这么快。

　　这是完全不同的三种表达方式，第一种听起来感觉像是讽刺，对孩子会产生负面的影响；第二种只是在陈述事实，对孩子不会产生好的影响也不会产生坏的影响；第三种是述情，而且是充满正能量的述情，对孩子会产生积极的影响。

　　同样一件事情，因为你的表达不同，对孩子产生了三种完全不同的影响，可见，会沟通和不会沟通有多么大的区别。那么，既然说话可以给孩子带来好的影响，也可以给孩子带来坏的影响，我们为什么不选择好的影响呢？毕竟每一位父母都希望自己的孩子变得越来越好呀！

　　这或许就是有些父母身上矛盾的地方，心里希望孩子变好，但说出来的话却总是会对他产生坏的影响。这里父母就要好好学习一下说话的艺术、沟通的艺术。

　　我们再来举几个例子。

*不管孩子做得好还是坏，都要找到他积极的一面肯定他

孩子很少打扫卫生，有一天你跟孩子说："你去把地拖拖吧。"很难得，孩子去了，拖完之后请你看，你一看说道："这拖的是什么样呀，跟狗舔的似的，有一块没一块的。"孩子把拖把一扔："那你拖好了。"

孩子积极地做了你让他做的事情，满怀期待地等待你的评价，得到的却是你的否定，那么他的积极性就被打击了，以后可能就不愿意再做这件事了，甚至也不愿意再做你吩咐他的其他事情。所以，否定会对孩子产生非常负面的影响，那么正确的表达方法是什么呢？

"哎哟，这么快就拖好了，儿子，你做事情真麻利，虽然拖得不是很干净，不过没关系，以后多拖几次就好了。"

这样的表达既肯定了孩子的行为，又提出了他的不足，同时又暗示了只要以后常做就能把这件事情做好，这是给孩子一个继续做这件事的动力，这是一个相对完美的表达。

可能有的父母会觉得，孩子明明做得不好，我还要表扬他，

是不是太虚伪了。要知道，虚伪是人际关系的润滑剂，适当的虚伪是一种艺术，只会说实话丝毫不懂得虚伪的人是缺乏智慧的。所以，多肯定孩子的行为，无论他做得好还是不好。或许父母又会觉得，他做得不好，我要夸他也得能找到理由啊。其实，如果你真想夸奖孩子或孩子的行为，总是能找到理由的。如果他做得不好，你就说他做得快；如果他做得慢，你就说他做得好；如果他做得不好又做得慢，那你就说他愿意去尝试，很棒！

没有找不到优点的孩子，只有不会说话的父母，多肯定孩子的行为，才会对他产生积极的影响。

✴ 当孩子做出妥协或让步时，一定要对孩子说"谢谢"

你承诺了孩子星期六要带他去公园玩，在你们将要出门的时候，你突然接到单位的电话，领导让你马上回公司有要事商谈，不得已，你只能推掉和孩子之间的约定，孩子虽然有些不情愿，但还是同意改天再去公园，于是，你急匆匆地走了。

这里，父母好像处理得并没有错，但似乎又少点什么，我们想想这里孩子的心情，孩子虽然体谅了父母的临时爽约，但他心里还是有遗憾和感到不舒服的，但父母没有对孩子的这种心情做出任何安慰或弥补。那么正确的做法是，父母在离开之前要对孩子说：

"谢谢你体谅爸爸，你太懂事了，这样，爸爸明天一定带你去公园！"

有你这句话，孩子会觉得对你做出让步是值得的，而且你对他的让步做出了弥补——承诺明天带他去公园，那么以后孩子还会愿意对父母妥协或让步。

当孩子做了你希望做的事情时，否定他的行为是不对的，但什么都不说也是不对的。父母不要把孩子的妥协和让步当成理所当然，他们毕竟是孩子，能对父母做出妥协和让步也是不容易的，所以父母更要对孩子的这种行为表示肯定和感谢。

这样的语言还有很多，具体怎么表达并没有特别的规定，只要能对孩子产生积极的影响都可以使用。除了语言之外，也可以用实物去肯定孩子的行为，比如孩子做作业做得快，就奖励他看半个小时电视；拖地拖得好，就奖励他一个鸡腿；也可以是一个热情的拥抱和亲吻等等。这些也是影响。

总之，当孩子有了某种行为并且你希望他以后还能继续这样做时，你一定要用正能量的语言或行动去肯定他的行为，那么孩子才能朝着你希望的方向发展。因为孩子在做某一件事情时，都会希望得到父母的肯定，而肯定会对孩子产生心理强化的作用，肯定的次数越多，对孩子的影响就越大。假如你希望孩子身上经常出现某个行为，你就不停地肯定他的那个行为，那么有一天也许他真的会变成你希望的样子，这一点和"不纠正孩子的错误，只培养他的正确"有异曲同工之处，都是把孩子往正确的方向推进。

其实沟通的众多方法都不是孤立存在的，都可以同时使用并有共通之处，比如在情绪管理时，我们同时用到了述情和允许；在倾听时，我们用到了共情；在述情时，我们用到了影响；在共情时，我们用到了允许；而在影响时，我们又用到了表达……这众多的沟通方法只要需要都可以随时随地被父母所用，只要对沟通有帮助，都可以灵活使用，而也只有灵活使用才能发挥出更大的效用。

影响与改变

影响之所以被称作最智慧的沟通方式，在于它与改变的本质区别。

就前提来说，影响的前提是允许，改变的前提是不允许。影响和改变的目的是一样的，都是希望孩子发生好的变化，但影响是先允许孩子做得不好，然后通过一些方式影响孩子慢慢发生变化，是用一些不会让孩子感到不舒服的、非常缓和的方式来让孩子发生变化。但改变是不接受孩子的错，希望孩子马上发生变化，是用一些较为激烈的、让孩子感到不舒服的方式迫使孩子发生变化。那么影响就会让孩子接受，改变就会引起孩子的抗拒。

就孩子的感受来说，影响给孩子一种被肯定的感觉，改变给孩子一种被否定的感觉。影响是先肯定对方的现在，即便做不到肯定起码也不会否定，然后通过一些积极的语言或行为去肯定孩子的将来，比如"现在的学习成绩还不错，但如果再进步一些就更好了"。而改变则是否定孩子的现在，然后希望孩子改变现在的状态，比如"你现在的学习成绩太差了，什么时候才能改变？"无论是谁，被否定、指责和抱怨都是不开心的。所以，影响让孩子的内心感到愉快，而改变让孩子的内心感到不愉快。

就孩子的察觉程度来说，影响常常让孩子察觉不到，改变则会让孩子深深地感觉到"我正在被父母改变，我很痛苦"。影响是通过潜移默化的方式让孩子发生变化，孩子不知道、无察觉，还会在不知不觉中配合你，他会非常适应你的方式。而改变是通过"揠苗助长"的方式让孩子发生变化，违反了顺其自然的规律，孩子会感到不适应甚至很痛苦，会对你的方式非常排斥。

就给孩子的时间和空间来说，影响给了孩子很多时间和空间，改变则不给孩子时间和空间。影响是允许孩子慢慢发生变化，让孩子有足够的时间和心理空间去思索、去变化。而改变是希望孩子马上就发生变化，使孩子没有足够的时间和心理空间去反省、去思考如何变化。所以影响让孩子的内心感到从容，而改变使孩子的内心感到紧张和焦躁不安。

以上四点是影响与改变的区别，从这些区别就可以看出，影响与改变虽然目的相同，都是希望孩子发生好的变化，但因为方式不同、过程不同、带给孩子的感受不同，效果肯定是不同的。就这几方面来说，影响当然是更好的、更受孩子欢迎、效果更好的沟通方式。

第八章

父母与孩子沟通中的习惯心理剖析

在与孩子沟通时，我们常会不自觉地犯一些方式上的错误。这些错误中隐藏着我们的某种心理，因为这种心理的作祟，我们与孩子的沟通总是无法顺畅和愉快进行，亲子关系也受到了影响。为了能够搭建起有效沟通的亲子桥梁，我们必须改变这些心理，用正确的心态与孩子沟通。

错误归因：
认为孩子不听话的原因都在孩子身上

　　人在成长的过程中或与人相处的过程中，遇到问题时有两个归因方法，一个是向外归因，一个是向内归因，不够成熟的人总是习惯于向外归因，即是他人的错或客观现实的原因导致了问题的出现，很少想到是自己的原因。在我成长的过程中，有很长一段时间我也常常这样归因，要么遇人不淑要么运气不好，很少想过是自己的原因，这导致我很长时间无法进步，后来才明白问题的原因不在别人身上，而在自己身上。只是向外归因，问题永远解决不了。

　　这样的归因也会出现在父母与孩子的相处过程中，父母可以想一下你是否有这样的惯性思维：

　　当孩子学习不够好的时候：都是因为我的孩子不够聪明又不够努力，所以他的学习才不够好；

当孩子总是改变不了自身的缺点时：我这个孩子不行，不懂得反省，不懂得改变。

当孩子惹你生气的时候：这孩子性格太犟了，啥时候都不能让父母顺心顺意。

当你无法和孩子好好沟通时：都是因为孩子不听话，所以我们才没办法好好沟通，看别人家的孩子多听话，多乖，人家的孩子多好教育。

"都是因为孩子……，所以才……"这个句型成了父母的惯用句型，每当父母说出这个句型时，就是又在向外归因。

一切问题的原因都出在孩子身上？父母难道从来就没有想过：是因为我不够好，是因为我不懂得如何教育孩子，我不懂得如何与孩子沟通，所以才造成了这一切？

我们习惯性地将父母与孩子之间的问题的原因都归结到孩子身上，这就是向外归因。有一部分原因确实在孩子身上，这没错，但是，父母身上就没有问题吗？这是不大可能的。人与人之间的相处之所以会发生各种好的坏的化学反应，就是因为人会互相影响，人是互为环境的，单纯地把孩子不听话、不改变、无法沟通等原因都归结到孩子身上是不正确的。

但是，父母为什么习惯于向外归因，而很少向内归因呢？这是因为人都有自恋心理和自私心理。自恋心理：我是好的，我是对的，错都在你。尤其是父母在孩子面前，总有这样的潜意识：

你是孩子，怎么可能有我正确呢？所以，问题都在你身上，你要改变。自私心理：期待别人发生变化，但自己懒得变化。改变自己总是很难的，可能还很痛苦，自己当然不想改变了，而要求孩子改变就很容易了，只需要发号施令就可以了，而且想当然地认为，孩子改变起来是很容易的。

基于这两种心理，父母就形成了总是向外归因而很少向内归因的心理，所以我们常常看到父母抱怨孩子不懂得反省、没有改变，但自己却很少反省、很少改变，这就是因为错误归因造成的。

错误归因制造了很多沟通中的矛盾和冲突，父母对孩子总是不满意，也常常不允许，而孩子觉得父母总是"找我的碴儿"，也对父母非常不满，双方都不快乐。

错误归因非但解决不了问题，还会使问题愈演愈烈。一个只会向外归因，不懂得向内归因的父母是不称职的、不成熟的，父母也必须学会反省自己。

中国古人强调"吾日三省吾身"，认为"自省"很重要，"自省"就是向内归因，假如我们在和孩子相处沟通的过程中，能多一些向内归因，少一些向外归因，可能情况就会大大改善。

＊ 总是向外归因会让孩子找不到存在感和价值感

在我个人的生活体验中，如果对方总是把错误的原因归结到我身上，我会很没有存在感和价值感：我什么都是错的，我不够好，都是因为我才让我们之间出现了这许多问题，那我在你面前还有什么存在的价值呢？不如让我消失好了，消失了才能让一切的分歧和痛苦结束。这是一个成人解决问题的办法。但是孩子没办法从父母面前消失，所以即便他在父母面前没有存在感和价值感，他也只能带着这份痛苦继续聆听父母的教诲，不过，虽然他没办法从父母面前消失，但他可以和父母保持距离，所以我们看到总是在孩子身上挑错的父母，孩子都不愿意和他沟通，他们和父母的关系也不密切。

总是向外归因制造了父母和孩子之间的隔阂，不认可、不欣赏孩子实际上是对孩子的一种排斥，本质上也是缺乏对孩子的爱，爱孩子首先要接受他、包容他，然后再想办法帮助他改变。

＊向内归因才是幸福之路

只会向外归因破坏了父母和孩子的幸福，只有向内归因才能找回幸福，无论是对个人的成长还是对父母和孩子之间的关系来说都是如此。学会向内找，主动去反省自己，才能看到自己的错误，此时，才会原谅和包容孩子的错；看到自己的错误，才会主动去改变自己，自己越变越好就会影响到孩子，这才是利于沟通的做法。学会向内归因，遇到事情先找自己的原因，先向孩子承认自己的错误和不足，孩子反而会觉得这是一个更有人情味儿的父母，他也更愿意和你沟通。

世间万物的形成原因是复杂的，沟通也是一个复杂的体系，不会只是孩子的错，也不会只是父母的错。很多时候，我们都会本能地认为错在对方，但事实是不可能的。如果父母的自省能力还没有孩子好，那么有什么权利和能力去教育孩子呢？如果我们在遇到问题时先主动去反省自己，再要求孩子去做到什么，那么对孩子的要求可能就少多了，沟通的阻碍也就少多了。

霸道心理：
我是为了你好，所以沟通的方式并不重要

"我是为了你好"，这句话好像是某些人的口头禅，每当别人不接受我们的看法或做法时，我们就把这句话拿出来，仿佛这句话一说，一切不合理的都可以变成合理的了，这句话也不时出现父母与孩子的对话中。

妈妈正在教训孩子，孩子已经被妈妈训得一把鼻涕一把泪了，但是，妈妈好像也很委屈，她对儿子说："你别怪妈妈骂你，妈妈都是为了你好。"

儿子哭着对妈妈说："就算是为了我好，也不可以总是骂我。"

"儿子，我骂你打你这都不重要，重要的是我是为了你好，或许妈妈有些话说的不是很中听，但如果不是为了你好，我干吗说那些话呢？我为什么不对别人家的孩子说那些话呢，不都是为了你好，恨铁不成钢，才会那样说的吗？"

在妈妈的反复"洗脑"下，儿子也迷惑了："唉，算了，妈妈都是为了我好，原谅她吧。"

"我是为了你好"，不但在父母教育孩子的过程中，就算是在成人之间，也常常是百试不爽的万金油一样的句子。甭管你有多大的委屈和不满，甭管你多么不接受我的看法，一句"我是为了你好"就可以解释所有了，就把你所有委屈给挡回去了，尤其是对孩子来说，他们尚缺乏判断能力，常常分辨不出来"是真为了我好还是假为了我好"，于是这句话在孩子面前更是特别管用，一句"我是为了你好"常常让孩子哑口无言。

但是，孩子却因此吃了"哑巴亏"，因为孩子理智上虽然缺乏判断能力，但是他的心是不会骗他的，他的心会告诉他："虽然你是为了我好，但你说的那些话还有你说话的方式让我感到不舒服。"于是，孩子就会有意无意地逃避和父母沟通，因为和父母沟通就是找不痛快，谁愿意让自己不痛快呢？这还是性格较温顺或懦弱的孩子，如果碰到性格倔强或判断能力比较强的孩子，则会遭到孩子的抢白："为了我好？我怎么那么不相信呢？如果你这样是为了我好，那拜托以后别再对我好了。"

所以，打着为了孩子好的旗号常常骗不了孩子，而且还会使孩子不愿意再和你沟通。

回过头来我们再说说"我是为了你好"真的为了孩子好吗？真爱是什么？真爱是为了满足孩子的需要，接受孩子真实的样子，让孩子感到快乐，但习惯说"为你好"的父母往往接受不了孩子真实的样子，一旦孩子的想法做法不合自己的意思，他们就会斥责孩子，然后说"你必须接受我的建议，因为我是为了你好"，实际上他们是希望孩子满足自己的愿望，只是他们打着"为了你好"的旗号。

所以，习惯说"为了你好"的父母的内心深处其实是不允许，不允许你不听我的，不允许你真实的样子，不允许你按照自己的想法来，而不允许就是沟通的死敌呀！

但有着不允许的霸道心理的父母根本就不在乎什么沟通的死敌，在他们的心里，沟通的方式并不重要，否则，他们就不会用"我是为了你好"来勉强孩子一定要按照他们说的做，在他们心里是这样的思维逻辑：我是为了你好，我的目的是好的，所以我用的方式并不重要，你也别在乎我用了什么沟通方式，赶紧按照我说的做这才是最重要的，你怎么可以怪一心为你好的爸爸（妈妈）呢？

所以，一些打着"为了孩子好"的旗号的父母，终于找到了无视沟通方法的借口，他们用这个借口控制孩子的思维并肆意地发泄自己的情绪，我骂你、我打你、我不允许你这不允许你那都是为了你好，他们完全不理会什么沟通方法，却深深地伤害了孩子。孩子无力反抗，只有一个办法，拒绝和父母沟通，惹不起，躲得起。

这种心理成了破坏沟通和亲子关系的刽子手！

所以，这样的父母应该醒悟了！

✳ 为了孩子好，就该允许孩子做他自己

最好的父母是什么样的？或者说真正懂得爱孩子的父母是什么样的？就是允许孩子做自己。我们可以给孩子提要求、提建议，但孩子要不要按照我们说的做是他的自由，我们不能打着为孩子好的旗号强迫孩子同意我们的意见。我们应该允许孩子按照他自己的想法去生活，如果结果不好我们和孩子一起承担，这才是真正懂得爱孩子的父母。不能为了规避风险就要求孩子必须听你的，就算父母想得再周全，也不可能规避孩子成长中的所有风险。

所以，允许孩子做自己，放弃"打着为了孩子好的旗号强迫孩子执行父母的意志"这种做法，这才是真的为了孩子好。孩子的心是能够感受到什么才是真正的对他好的，而也只有这样，你与孩子之间的沟通才是爱的传递，而不仅仅是传达父母的意志。

✳ 即便是为了孩子好，也应该用正确的方法和孩子沟通

意图是好的，就可以忽略方式方法吗？就可以让孩子承受父母不正确的沟通方法的伤害吗？不是的。即便父母是真的为了孩子好，也需要用正确的方法和孩子沟通，因为我们说过，即便你的目标是对的，但走的路不对，一样到不了目的地，所以，沟通的方法不对，依然实现不了沟通的目的。为了孩子好，就更应该用正确的方法和孩子沟通，正确的方法才能影响孩子慢慢变好。

在沟通中，不仅要讲理更要讲情，但"我是为了你好，所以沟通的方式并不重要"却是既不讲理又不讲情的沟通方式，是一种蛮横的沟通方式。不能因为孩子是弱小的，我们就可以用这种蛮横的心态去对待孩子，如果父母不跟孩子讲究沟通方式。那么孩子也会用同样的方式回敬父母。更重要的是，孩子就没有机会学到正确的沟通方式了，他也会用这样的方式去和其他人沟通，那么在他人眼里，孩子就成了一个不会沟通的孩子，这必然影响孩子的现在和将来。

所以，父母别再动不动强调"我是为了你好"，其实嘴上越是强调什么的，往往心里越是没有，真的是为了孩子好，你就会默默去做，默默地用平等、平和的心态去和孩子沟通——为了孩子好，沟通的方式很重要。

权威心理：
在沟通中不肯向孩子示弱和认错

　　父母在孩子面前多多少少都是有些权威心理的，都想在孩子面前树立一个强大、完美、一贯正确的形象。那么体现在与孩子沟通时就会有一个表现：总是以一种强势的姿态出现在孩子面前，不肯向孩子流露自己柔软脆弱的一面，也不肯向孩子承认错误，哪怕心里已经知道自己错了，言语上也不会轻易向孩子妥协，似乎一示弱一妥协就破坏了自己在孩子心目中的高大完美形象，同时也有损自己做父母的尊严。

　　但不懂得向孩子妥协有时就会成为沟通中迈不过去的一个坎儿，比如错怪了孩子，本应该向孩子道歉，但父母就是低不下这个头。

　　儿子回来了，他看了爸爸一眼，但没有理会他，就径直走进了自己的房间。爸爸跟了过去说道："怎么，真的打算不跟我说话了？"

儿子还是不理他，爸爸"哼"了一声，也不再理会儿子。

妈妈看到了这个情形，跟爸爸商量道："你跟儿子道个歉，兴许儿子就跟你说话了。"

爸爸却一脸的不以为然："我跟他道歉？你有没有搞错，哪有父母向孩子道歉的？"

"怎么没有？那你错怪他了，昨天晚上把他训得那么狠，向他道个歉不是应该的吗？"

"不可能！我昨天不是不知道真相嘛，不知者不怪罪。再说了，父母错怪儿子一回又不是多大的事儿，难道儿子就因此不跟父母说话了吗？"

爸爸的话刚说完，妈妈还没来得及接话，儿子的声音就响起来了："凭什么孩子做错了事情就必须向父母认错，父母做错了事情就不能向孩子道歉？"

"凭什么，就凭我是你爸爸！"

"这不公平，我不接受！"

"不接受也不行，除非下辈子你是我爸爸！"

"你……"老爸这句话把儿子噎住了，这强大的逻辑让他无法反驳，可是他又真的接受不了，他心里想："难道因为你是我爸爸，就可以蛮横不讲理吗？唉，算了，不要和这个霸道的爸爸说话了。"

　　因为我是你爸爸，所以我不需要也不能够向你认错，这和"我是为了你好，所以沟通的方式并不重要"一样是一个蛮横不讲理的逻辑。这种逻辑我在成长的过程中也曾经经历过，有时父母把什么事情弄错了，但嘴上拒不承认，会找各种理由来证明他没错或者他的错是有情可原的、是别人造成的。总之，他们是不会诚诚恳恳、认认真真地向孩子认错的，这个头他们无论如何也低不下来，但这个时候我就倍感委屈，和父母之间就会因此有些心结。

　　其实，服个软、认个错事情就过去了，孩子也不会盯着父母的错不放，他只是希望在沟通时父母也能有好的态度。在成人关系里也有这样的时候，不肯向对方示弱或认错，这会让对方觉得你很强势、霸道，一点也不温柔，同时也会让对方觉得很受伤，这就会破坏两人之间的关系。所以，柔软一点，做出一定的妥协和让步常常可以打破沟通中的僵局。父母在孩子面前也是如此，不要认为父母就不可以向孩子服输、认错，在人格上父母和孩子是平等的，不能觉得"我是长辈，我就永远是对的，错了也是对的"，这只会让孩子觉得父母不可理喻、无法沟通。

　　我们说过，在沟通中要放下对错，关注孩子的感受。其实，除了放下对错以外，还需要放下输赢，放下面子和尊严，可以说，除了情其他都可以暂时放下，因为即便你赢得了这些，却失去了孩子的心。即便是父母在孩子面前，输赢、面子和尊严也是不重要的，它远远没有孩子的感受重要，远远没有父母和孩子之间的关系重要。

父母若一心维护自己的尊严，丝毫不肯向孩子妥协，即便错了也不肯向孩子认错，那么你在孩子心目中其实是会失去信任的，因为你教导孩子有错必改，自己却有错不认，那么孩子是不接受你的教育的。尤其是，你利用父母的权威命令孩子必须接受你的做法，那么孩子只会对你这种方式感到反感，最终，你在孩子心目中反倒会失去做父母的威严。

因为权威不是靠强势、靠蛮横、靠命令树立起来的，而是靠果断地处理事情、公平地对待孩子、懂得如何与孩子沟通树立起来的。如果能做到这些，即使父母看起来没有那么"强"，在孩子心目中一样有权威。

在沟通中，妥协和让步其实很重要，不能只要求孩子做出妥协和让步，父母也可以适当地向孩子低头。低头就是给彼此一个台阶下，让僵持的气氛走向缓和，让本已停止的沟通可以继续。

很多时候，当沟通进行不下去的时候，低头就是一个契机。

✳ 示弱和认错无关乎父母的权威，只是沟通的技巧

一些父母之所以不肯在沟通中向孩子示弱或认错，是因为他们把这与自己的权威和尊严联系起来。实际上，这无关权威和尊严，在孩子面前树立强硬的形象只会让孩子怕你或抗拒你，但未必会让孩子更爱你，那么即便有了权威感又有什么意义呢？而懂得在孩子面前塑造温情的一面才会让孩子越来越喜欢你，在孩子面前保持一种柔软的姿态其实更有利于沟通。我们都喜欢温柔的

人，孩子也喜欢温柔的父母，所以，适时在孩子面前低下你的姿态其实是一种沟通技巧，跟父母的权威、尊严和面子等都没有什么关系。

示弱还有另外一层意思，就是父母无须在孩子面前扮演一个过于坚强的形象，偶尔也让孩子看到你也有累的时候，也有做不到的事情，也有承受不了的时候。这样做的目的是让孩子能够看到父母的不容易、体会到父母的辛苦，进而影响到他调整自己的行为帮父母分忧。这也是影响的一种方式，用自己的行为表达自己的感受影响孩子变化，这比用语言去要求孩子做这做那要管用得多。所以说，父母偶尔的示弱也是一种很好的沟通方式，它会让孩子变得坚强，让孩子发生变化。

总之，父母真的无须在孩子面前刻意塑造强硬、正确、高大、无所不能的形象，这是一种假权威心理，不但无助于沟通，还会破坏沟通。

＊尊严重要，但重要不过孩子的感受

假权威心理应该摒弃的原因还在于，在沟通中，彼此的感受更重要，在乎对方的感受更重要，这样才会使彼此的关系朝一个良性的方向发展，这就是共情的力量。父母的尊严和面子固然重要，但比起和孩子之间的关系及情感来说，这些算什么呢？把孩子的感受放在第一位，把自己的尊严和面子放在其次的父母才是懂得沟通、懂得处理亲子关系的父母。其实，在沟通中权威心理过于严重的父母不是不在乎感受，只不过他在乎的是自己的感受。但如果因此忽视孩子的感受，孩子也不会在乎父母的感受，因为孩子在父母的身上没有学到共情。

父母不要混淆了强大和强势的区别，不肯向孩子示弱和认错只是强势而非强大，强大的父母在孩子面前也可以做到能屈能伸。一个强大的父母是令孩子信服的，但一个强势的父母只会给孩子带来压迫感，这都会给沟通带来障碍。父母过于在乎自己的权威，就会不由自主地有种高高在上的心理，从而失去亲和力，而这并不利于你与孩子之间的沟通。

错位心理：
孩子想分享心情，你却只关注事情

当沟通中彼此关注的点不一致时，就会导致沟通进行不下去，比如孩子想分享某件事带给他的心情，而父母却只关注这件事情；孩子在大谈感受，父母在大谈对错和解决办法，这时，孩子可能就没有兴趣继续交流下去了，因为，我说的你不关心，你说的我也没兴趣，何必再说下去呢？

女儿放学回到家，一脸的不高兴，嘟着嘴跟父母说："我今天和小灵吵架了。"

"你怎么会和小灵吵架呢？"妈妈很吃惊。因为小灵是女儿最好的朋友，平时基本上是形影不离，感情好得不得了，怎么会吵架呢？

"也没什么，就是我们俩在学校外面的小卖部里同时看中了一支漂亮的铅笔，铅笔上面有我最喜欢的卡通图片，可铅笔只剩下了一支了，我买下了它。小灵让我送给她，我不愿意，于是小灵很生气，她说我不是她的好朋友，不然为什么连一支铅笔都不肯送给她。可是我也很喜欢那只铅笔啊，为什么她就不愿意让给我呢？因为这只铅笔，小灵今天一天都没跟我说话，下午放学的时候也没和我一起回家。唉，我好难过啊，爸爸妈妈，你们说，小灵是不是不愿意再和我做朋友了？"

"女儿啊，不是我说你，你这样做是不对的，你怎么可以这样对待好朋友呢？不就是一支铅笔吗，你让给小灵不就没事儿了吗？回来妈妈可以再给你买呀，一支铅笔哪有友情重要呢？你这样交朋友啊，以后会没有人愿意和你做朋友的。"

听完妈妈的话，女儿眼睛直瞪着妈妈，脸色更难看了。她没想到妈妈会说出这样的话来，她是来求安慰的呀，怎么得到的是批评？

但妈妈的批评还没有完："瞪着我干吗，觉得我说得不对？本来就是这样呀，一支铅笔哪有友情重要。我觉得你呀，现在赶快把这支铅笔送给小灵，不然小灵可能真的就不和你做朋友了。"

"哼！"这次女儿不瞪妈妈了，她给了妈妈一个白眼，然后，走掉了。

这是一次失败的沟通，女儿主动来找父母聊天，但最后她不想聊了。为什么会这样呢？因为这里的父母犯了三个错误：

第一，不懂得倾听，没有用心去聆听孩子究竟想表达什么。

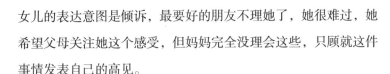

女儿的表达意图是倾诉，最要好的朋友不理她了，她很难过，她希望父母关注她这个感受，但妈妈完全没理会这些，只顾就这件事情发表自己的高见。

第二，不懂得共情，不关注孩子的感受，不懂得在关注事情前先关注孩子的情绪。父母不是不可以评论孩子的对错，也不是不可以对事情发表看法，但是要先关注孩子的情绪，在安抚了孩子的情绪之后，再引导孩子来解决事情。

第三，对表达也不够了解。孩子有时候的表达意图并不是让你为他出主意，更不是为了让你指责他，他只是想倾诉，想抱怨，想倒倒苦水，希望你做个"垃圾桶"或者安慰者罢了，那么你对事情和孩子的做法指指点点纯粹是多此一举，孩子不但不会领情，还会对你产生反感的情绪。

比如故事中的女儿虽然担心好朋友不理自己，但也并不情愿因此把铅笔送给好朋友，她在来找父母诉说之前对这件事早有主意，那么父母乱给她出主意反倒让她不高兴。她本来是来找父母安慰自己的，结果父母让她去安慰别人，孩子一时之间恐怕没有这样的觉悟。如果你希望孩子能够体会别人的感受、去安慰别人，那么你不能采用这样的沟通方法，而是应该采用共情的沟通方法。

所以在这里，错误的沟通方法致使沟通中断了。

正是因为父母和孩子的心理是错位的，一个想分享心情，一个却关注事情；一个在讲情，一个在讲理；孩子不接受你的"理"，你也不在乎孩子的"情"，那么还能沟通下去吗？

互相关注的点没有重合，反而发生了错位，这在父母和孩子沟通的过程中也经常发生。有解吗？

✳ 在倾听时，请注意孩子表达情绪的用词

为什么有些父母会不关注孩子的感受而只关注事情呢？是因为他们天生对情绪缺乏敏感度，他们不但不关注别人的情绪，也不太关注自己的情绪，所以他们要训练自己对情绪的敏感度，比如在倾听孩子说话时，要留心孩子说了哪些表达情绪的话：我好难过、我不愿意、我喜欢、我很生气……留心这些表达情绪的词语，去体会孩子此刻的心情，这样的训练多了，自己的感受就不会那么迟钝了，自己的心就会变得敏感一些，情感也会变得细腻一些，那么对孩子的情绪的感受力也就增强了，在沟通中，也会渐渐去关注到孩子的情绪和感受。

✳ 在沟通中，请不要无视孩子提出的问题

一般情况下，孩子会向父母抛出问题来表达他想和父母沟通的重点，比如案例中女儿在表达的最后问父母："爸爸妈妈，你们说，小灵是不是不愿意再和我做朋友了？"这就表示孩子现在最关心的是这个问题，你要先帮孩子解决这个问题，孩子可能才有心情和你聊其他事情。但是父母好像没有听到孩子说这句话一样，在回答中直接略过了这个问题，转而关注其他事情，这就会让孩子感到失落和不满：我找你主要是来和你聊这个事情，结果

你根本不理会我，只说你感兴趣的问题。这就是再次忽视孩子的感受，这会让孩子继续和你沟通的欲望再次降低。所以在沟通中，父母不要无视孩子提出的问题，先回答他的问题，再表达你的观点，这代表你对孩子的尊重和重视，你尊重他，他才会重视你，彼此重视，沟通才能进行下去。

这两方面都是训练父母去关注孩子的感受，增强对情绪的感知力，提高父母的情商，这样的话，就比较容易做到共情。只要记得，在与孩子沟通时一定要先关注孩子的心情再关注事情，那么就比较容易做到共情。

冷漠心理：
妄想用物质满足代替情感沟通

沟通是一种交流，终极目的是实现爱的流动，在沟通中我们要述情、要共情，这就说明沟通是一种情感上的互动，父母和孩子之间需要多沟通，才能增进彼此的了解、理解和情感，亲子关系才能更加密切和谐。简单地说，就是频繁和有效的沟通才能搭建起父母和孩子之前的情感桥梁。

但在某些父母和孩子之间，这种情感上的沟通却太少了，他们很少专门抽出时间坐下来陪孩子聊聊天，可能他们没有时间，也可能是没有这个意识，他们并没有意识到缺少情感沟通会影响亲子关系，他们觉得可以用另一种方式来弥补，比如物质满足。

我有一个朋友，工作很忙碌，经常早出晚归，见到孩子的时间都是有限的，孩子有什么好消息、坏消息都是从妈妈的嘴里得知，他很少能和孩子好好聊聊天，陪伴孩子的时间就更少了。

他知道，孩子其实很期待看到他，有时晚上会等他等到很晚，希望能看到他、跟他分享一些好玩的事情或是伤心的事情，但他常常让孩子失望，于是孩子渐渐不等他了，也习惯了没有他的日子。而他呢，也觉得对孩子有所亏欠，但同时又觉得他应该把更多的时间和精力用于赚钱养家，孩子有妈妈的陪伴就够了。但为了弥补对孩子的亏欠，他就常常给孩子买礼物，晚上回家时常常带个玩具什么的给孩子，平时吃的穿的用的都尽量给儿子最好的，儿子对爸爸最大的感受就是妈妈常跟他说："这是你爸爸给你买的，那是你爸爸给你买的。"孩子的妈妈对他说："如果不是我天天这样在孩子面前念叨，儿子都快忘了你的存在了。"

　　不可否认，现在忙碌的父母越来越多了，他们没有时间和孩子沟通；也不可否认，现在的物质生活越来越好了，父母有能力通过物质来表达对孩子的爱了。但问题是，物质能代替情感上的陪伴和沟通吗？能使父母和孩子之间的关系更密切、更和谐吗？事实证明，显然是不能的。

　　我的另外一个朋友，也是同样的情况，只不过他们夫妻俩都很忙，而他们的孩子也已经大了，上高中了。但由于长期缺乏和孩子之间的沟通，孩子对他们有诸多怨言，情感上对他们也很淡漠，也不服他们的管教，孩子常常说："从小到大你们都没有管过我，现在我大了也不用你们管了。"他们对孩子的这种说法很不满意："谁说我们没有管过你，你吃的、穿的、用的，哪一样不是我们管的？"孩子听了他们的话更生气了："我又不是家里的小狗，光有吃的、穿的、用的就够了，即便是一只小狗，他们的主人还会把他们抱在怀里和他们说说话呢，我混得还不如一只小狗。"父母听了孩子的话哑口无言。

因为很少和孩子沟通，他们对孩子的脾性和心思都很不了解，有时想和孩子沟通一下都不知道该如何开口，而孩子对和他们沟通早就没有兴趣了，经常逃避和拒绝与他们沟通，他们和孩子之间的关系越来越淡漠。

人与人之间的关系是靠沟通建立起来的，没有沟通，人与人之间是陌生的。或许父母认为，孩子与我有血缘之亲，天生就是父（母）子（女），不可能不亲。这当然不能否认，但有血缘之亲不代表就一定有后天的情感上的亲昵，也不代表和谐的亲子关系就会随之而来，这一切都要靠后天的陪伴、交流和沟通建立起来，而且还必须是正确的沟通方式。

所以，父母和孩子之间的沟通不可能通过其他方式来弥补，无论给孩子多少物质和金钱，情感上的缺失也永远存在。妄想用物质满足来代替情感沟通的父母，有些是不在乎情感沟通，有些是没有意识到情感沟通的重要性，这会让孩子觉得他的父母是冷漠的、有距离的，亲子关系也会蒙上一层冰冷的感觉。这样做还有一个更坏的后果，就是孩子会不断地向父母索取物质，因为他会把物质给予等同于父母的爱，那么在这种环境中长大的孩子以后也会用这种方式来表达爱，他们也会对情感沟通冷漠对之，他们也会不懂得沟通。

不懂得沟通的父母培养出的肯定是不懂得沟通的孩子。

✳ 减少物质的给予

物质是表达爱的一种方式，但如果除了这种方式没有别的表达爱的方式，孩子就会认为这是唯一得到父母的爱的方式，而且缺乏情感沟通的孩子内心深处都缺少爱，他就会不停地向父母索取物质，以此幻想得到了父母的爱，这就会培养出来一个欲求不满的物质孩子，这是一个非常可怕的后果。所以，一定不能不停地给予孩子太多的物质，其实孩子的内心深处对物质的渴望并不大，他们的内心更渴望的是父母的爱，父母不要去培养孩子的物质欲望，而是要去满足孩子的情感需要，少给物质，多沟通，才会培养出来一个重感情、轻物质的孩子。

✳ 无论多忙，都记得要与孩子进行心灵上的沟通

父母若是习惯用物质满足来代替与孩子之间的情感沟通，那么孩子是无从体会什么是真正的精神层面的爱的，他对细腻的情感无从体会，不懂得人与人之间的相处是心灵的相互沟通，这样的孩子不会述情，也很难做到与人共情。父母与孩子若都不懂得共情，那么彼此之间的沟通和相处可想而知。所以无论多忙，都

要记得与孩子进行心灵上的沟通，把工作减少一点，抽出一点时间给孩子，多和孩子聊聊天，与孩子进行心与心的交流，去发现并满足孩子的真正需要，这才是真正的沟通，才能创造和谐而又美好的亲子关系。

父母与孩子之间的沟通是创造和谐的亲子关系的必经渠道，每一位父母都无法以其他借口斩断这条渠道，它是你心通向我心的一个过程。经过这个过程，父母的爱才能流向孩子。

沟通小知识

沟通既是方法论又是心理学

学习沟通应该着重学习什么？学习沟通的方法当然是必不可少的，掌握沟通的方法才能具备沟通的能力。但绝不能为了方法而学方法，那只会让我们的学习流于表面，学不到精髓。其实仔细挖掘一下，每一种沟通方法背后反映的都是人的心理，而每一种错误的沟通方式的存在都是因为不够健康或不够正确的心理的干扰。

所以学习沟通离不开方法论，更离不开心理学，沟通实际上既是方法论又是心理学。

什么是方法论？就是人们用什么样的方式、方法来观察事物和处理问题，就是要解决"怎么办"，它是一种以解决问题为目标的体系或系统。所以本书讲述的是方法论，就是讲述用什么样的方式、方法来处理沟通中出现的问题，解决在沟通时遇到问题了应该怎么办，这些方式、方法是一个体系，而不是一个单一的存在。

那什么是心理学就不用解释了，没有各种各样、千奇百怪的心理的存在，人与人之间的沟通和相处就不会出现这么多问题，是心理导致了问题的出现，那么解决沟通中的问题就必须要解决心理问题。如果只是在方式、方法上打转转，就只是治标不治本。

把父母与孩子的心理疏通了，才能解决问题的根本。比如，父母若不改变自己的心理状态，能对孩子做到凡事允许吗？能够时时刻刻与孩子共情吗？能够有那么大的耐心去影响孩子慢慢改变吗？恐怕都很难。不改变自己的心理状态，再好的方式方法也是纸上谈兵，无法在现实中真正发挥它的作用。

所以，改变心理状态，这些方式方法就无须刻意学习，而是会被你自然而然地运用到生活中去。

沟通或许有技巧，也可能有人能找到一些达到沟通目的的小聪明似的捷径，但这些技巧和捷径都不是万能药，沟通也不是一劳永逸的过程，它是需要你不断地学习、不断地成长、不断地付出情感的过程。尤其是父母与孩子之间的沟通，技巧没有那么重要，父母是否有成熟的心态、健康的心理、正确的教育方法才是最重要的，孩子能不能在你的影响下也渐渐拥有这些才是最重要的，如果都能拥有这些，沟通就不是一件很让父母和孩子困惑的事情。

所以这里，我们不仅仅讲了很多沟通的方法，还讲了心态、心理、教育方法、爱的能力甚至人生观等等问题，希望父母不仅学会沟通的方法，也能学会和方法相关的一切知识。如此，才能在与孩子沟通这个问题上不再困惑，才能让亲子关系永远朝着良性的、和谐的方向发展。

结语：
带着"爱"跟孩子沟通，永远都是对的

写完这本书，我又和各位读者一起学习了一遍如何沟通。其实，就算能写下此书，我也不敢说我完全掌握了书中的所有内容，具备了每一种沟通的能力，因为书中所列内容只是知识，而要把知识转化成能力需要练习，需要在生活中长期不断地练习，甚至需要用一生的时间去修炼，所以，我和各位一样，也一直在修炼沟通这门功夫。

沟通如此重要，我们每天一张嘴就在沟通，一和别人发生接触就要沟通，想要和任何人建立关系都需要沟通。而在这众多沟通中，亲密关系和亲子关系中的沟通是最重要的，不仅仅是因为在这两种关系里，对方是我们最在乎的人，也是因为对方和我们的关系太过密切，非常容易发生摩擦，彼此也容易受到伤害，所以在这两种关系里沟通也最难。因此，我们必须学会如何与伴侣和孩子沟通，学习如何经营好这两种关系。

而父母和孩子之间的沟通更重要的原因在于，父母和孩子之间的关系是孩子来到这个世界上后建立的第一个关系，这个关系是他和其他人的关系的模板，也是他成年以后建立亲密关系的模板。也就是说，亲子关系的好坏影响着孩子其他人际关系的好坏，尤其是成年后亲密关系的好坏，这就是心理学上所强调的一个人的原生家庭将会影响他的一生。所以我们非常有必要在孩子童年时就能实现和他的愉快沟通，并给孩子一个健康和谐的亲子关系，那么长大后，他才具备这个能力。

所以才说，沟通是从小到大都要学习的功课，需要一生都修炼的功夫。既然这样，沟通就不是一时一日就可以立刻拥有的能力。所以，当父母在使用这些沟通方法时，如果不能见到立竿见影的效果，请不要着急，那说明你的修炼还不够，请给自己多一点时间，也给孩子多一点时间。允许自己慢慢学会使用这些方法，允许孩子慢慢接受这些沟通方法，允许你和孩子都慢慢发生变化。要相信允许的力量。

假如你在一时之间不能立刻悉数掌握所有的沟通内容，又想有一个简便可行的方法，那么我也可以教给你一个最简单的方法，那就是带着"爱"和孩子沟通。因为沟通的终极目的是实现爱的流动，我们所有的沟通方法也都是把"情"字贯穿其中，每一个沟通方法的设定都是源于爱、为了爱。那么我们不妨就带着这样的初衷去和孩子沟通，当你心中装着对孩子浓浓的爱时，就比较容易做到心平气和、耐心倾听、关注孩子的感受和接纳孩子的一切，所以，沟通看起来方法众多、内容繁杂，其实无非就是一句话——传递你对孩子的爱，没有爱的如影随形，沟通不可能达到预期的效果。

比如述情、共情、允许、影响，没有对孩子深深的爱，如何在沟通中给予孩子这些？沟通可以搭建起父母与孩子之间的桥梁，但若没有爱，依然打不开孩子的心门。

所以，当我们在练习这些方法遇到困难时，不妨想一想，我是不是缺少了对孩子的"真爱"，一定要弄清楚真爱是什么样的，真爱就是接受孩子本来的样子，时刻记得并满足他的需要，关注他的感受，用他喜欢的方式去爱他、去和他沟通，如果我们心中时刻铭记对孩子的真爱，这些沟通方法就不难做到。

只要时刻记得带着真爱跟孩子沟通，那么一切都是对的。

如果父母在生活中摸索出了其他的沟通方法，只要符合这一条，那么你的方法也是对的。

沟通能力是一种综合能力，想完全掌握这种能力，我们还必须学习有关沟通的其他知识。比如说话的艺术、情商、爱的能力、心理学等等，综合运用这些知识和能力，才能真正实现有效沟通。

父母除了努力提高自己的沟通能力之外，还要教孩子学习如何沟通，因为沟通是双方的事情，如果孩子也能学会倾听、表达、共情、允许等沟通方法，具备这方面的能力，就能在沟通的过程中和父母产生默契，那么父母和孩子之间的沟通就更顺畅了。但在孩子没有学会之前，我们要允许孩子不懂得沟通，我们不能因为自己掌握了这些知识和能力，就要求孩子也必须懂得，那就是另一种不允许了。

允许这个能力不仅可以用在沟通中，也可以用在沟通之外，用在生活的方方面面，沟通中的所有知识都可以与生活中的其他方面融会贯通。这样，你和孩子的生活才会是一团和谐，那么沟通才真正起到了搭建亲子桥梁的作用。

让爱与沟通随行，让沟通使亲子关系更和谐，愿你和孩子都幸福！

愿，看到这里，你对沟通的了解已经实现了从 0 到 1 的跨越；愿，《从 0 到 1：搭建有效沟通的亲子桥梁》这本书能成为你的良师挚友！

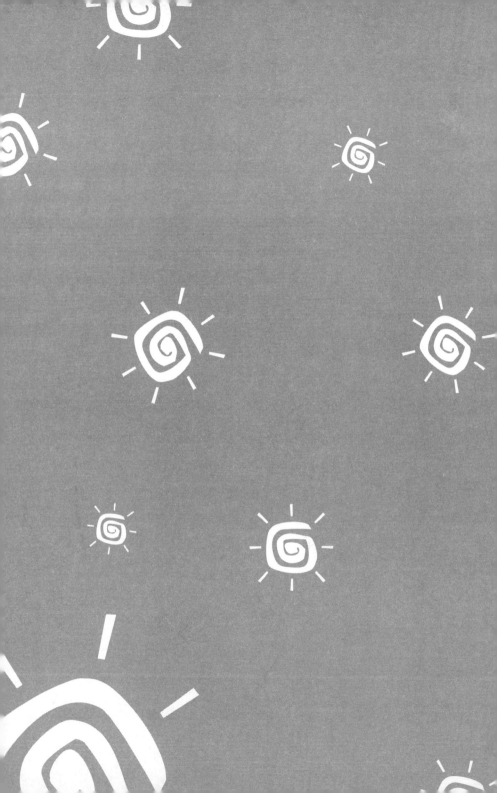